小学语文教学理论与实践

张宁 著

延吉·延边大学出版社

图书在版编目（CIP）数据

小学语文教学理论与实践 / 张宁著. -- 延吉：延边大学出版社, 2023.5
ISBN 978-7-230-04903-0

Ⅰ. ①小… Ⅱ. ①张… Ⅲ. ①小学语文课－教学研究 Ⅳ. ①G623.202

中国国家版本馆 CIP 数据核字(2023)第 087902 号

小学语文教学理论与实践

著　　者：张　宁
责任编辑：王宝峰
封面设计：文合文化
出版发行：延边大学出版社
地　　址：吉林省延吉市公园路977号　　邮　编：133002
网　　址：http://www.ydcbs.com　　E-mail：ydcbs@ydcbs.com
电　　话：0433-2732435　　传　真：0433-2732434
印　　刷：延边延大兴业数码印务有限责任公司
开　　本：787毫米×1092毫米　1/16
印　　张：10.25
字　　数：200千字
版　　次：2023年5月第1版
印　　次：2023年6月第1次印刷
书　　号：ISBN 978-7-230-04903-0

定　　价：38.00 元

前　言

语言文字是人类社会最重要的交际工具和信息载体，是人类文化的重要组成部分。语言文字的运用，包括生活、工作和学习中的听说读写活动以及文学活动，存在于人类社会的各个领域。

小学语文课程是小学阶段的一门基础性课程。语文学科的学习对培养学生的文学修养及人际交往、知识运用能力等都具有较大的促进作用。小学语文教学应围绕立德树人根本任务，充分发挥其独特的育人功能和奠基作用，以促进学生核心素养发展为目的，使学生初步学会运用国家通用语言文字进行沟通交流，吸收古今中外优秀文化成果，提升思想文化修养，建立文化自信，成长为德智体美劳全面发展的社会主义建设者和接班人。

本书从小学语文课程标准入手，系统深入地探讨了小学语文教学基本技能与有效教学策略，并阐述了小学语文教学方法的设计与运用，分析了小学语文教学重难点的设计与突破，研究了小学语文作业设计、小学语文教学评价设计与实施，旨在通过理论与实践的结合，提高小学语文教师的教学理论素养，培养较强的教学能力。本书内容上具有全面性，涵盖多方面理论知识，内容清晰，理论规范，章节合理，逻辑严谨。

本书在撰写过程中，参考、借鉴了大量著作与部分学者的理论研究成果，在此一并表示感谢。本书由张艳艳、王春燕负责审校工作。由于笔者精力有限，加之行文仓促，书中难免存在疏漏与不足之处，望各位专家学者与广大读者批评指正，以使本书更加完善。

目 录

第一章 小学语文课程标准研究 …………………………………………… 1
 第一节 语文课程标准的历史嬗变 ………………………………………… 2
 第二节 语文课程性质 ……………………………………………………… 9
 第三节 语文课程理念 ……………………………………………………… 13

第二章 小学语文教学基本技能 …………………………………………… 20
 第一节 教学目标设计与教案编写 ………………………………………… 20
 第二节 课堂导入与提问 …………………………………………………… 26
 第三节 课堂板书 …………………………………………………………… 32
 第四节 说课 ………………………………………………………………… 37

第三章 小学语文有效教学策略 …………………………………………… 41
 第一节 小学语文识字与写字教学 ………………………………………… 41
 第二节 小学语文阅读与写作教学 ………………………………………… 46
 第三节 小学语文口语交际教学 …………………………………………… 67
 第四节 小学语文综合性学习教学 ………………………………………… 76

第四章 小学语文教学方法的设计与运用 ………………………………… 82
 第一节 教学方法概述 ……………………………………………………… 82
 第二节 小学语文教学方法的设计 ………………………………………… 91

第三节　小学语文教学方法的运用 ································· 93

第五章　小学语文教学重难点的设计与突破 ································· 99
　　第一节　教学重难点概述 ··· 99
　　第二节　小学语文教学重难点的设计 ·································· 102
　　第三节　小学语文教学重难点的突破 ·································· 103

第六章　小学语文作业设计 ·· 106
　　第一节　小学语文作业设计与认知水平 ································ 106
　　第二节　小学语文作业设计与知识种类 ································ 113

第七章　小学语文教学评价的设计与实施 ···································· 131
　　第一节　教学评价概述 ··· 131
　　第二节　小学语文教学评价的设计 ···································· 135
　　第三节　小学语文教学评价的实施 ···································· 146

参考文献 ·· 155

第一章　小学语文课程标准研究

"课程"是一个教育学概念，主要是为实现特定的教育目的、任务而确定宏观上的课程目标，并根据课程目标选择相应学科的知识内容、安排教学进程等。中小学开设的语文、数学、英语、物理、化学、历史、地理等都是课程。

语文课程标准是教育行政部门根据国家的教育方针及培养目标制定的指导性文件，规定语文课程的性质、目标、内容、实施及评价建议等。它体现了国家的意志，具有特定的法律意义和指导价值。我国地域广阔，各地教育发展不平衡，因此各地方可以根据当地的情况在国家课程标准基础上有所调整，如开设合适的地方课程、校本课程等。

语文课程标准作为国家课程文件，对语文教材、语文教学和学生的学业评价具有重要的指导意义。语文课程标准主要有以下功能：

1.语文课程标准是语文教材的编写指南

语文教材是语文教学主要的课程资源，是实施语文课程的直接凭借。编写语文教材必须深刻领会语文课程标准的基本理念和主要特点，正确掌握语文课程的总目标、分学段目标和主要教学任务，并在教材中予以充分体现。2019年，我国中小学语文教学全部使用统编本教材，这主要是从以德育人层面考量语文课程的育人价值，是针对现行各地编写的语文教材版本多、编写体例不一致、选文内容参差不齐等问题而采取的对策。语文教材应在继承与弘扬我国优秀文化传统和革命传统、渗透社会主义核心价值观等方面有所担当，负起责任，在此基础上重点解决语文课程工具性层面的语文本体教学问题。因此，语文教材的编写思路、教学目标、教学内容都必须符合课程标准的基本精神和要求。

2.语文课程标准是语文教学的行为准则

语文课堂教学是实施语文课程标准的主渠道，课程标准提出的课程理念、教学目标都需要通过具体的课堂教学来落实。每一名教师在知识结构、认知风格、性格等方面都有自己的特点，因此教学风格不可能相同。然而，每一名语文教师在课堂教学中确定的教学目标、采用的教学方法、设计的教学过程都必须受语文课程标准的制约。因此，语文教师要准确把握语文课程标准所倡导的理念、目标和实施的建议，从教学实践层面采用科学合理的教学设计，保证自己的教学不偏离轨道，达到课程标准规定的基本目标。

3.语文课程标准是对学生进行学业评价的重要依据

语文教学评价具有检查、诊断、反馈、激励、甄别和选拔等多种功能，其主要目的是考查学生语文学习达到课程目标的程度，检验和改进师生双方的教学活动。《义务教育语文课程标准（2022年版）》是指导语文教学的基本文件，其中"课程目标""课程内容"规定了语文课程的学习内容以及学习水准，为评价学生的语文学习提供了一个基本尺度。学校的语文教学评价（包括课堂教学评价、平时作业的评价以及阶段性的学业评价）都应以语文课程标准规定的目标和内容为准绳。

第一节　语文课程标准的历史嬗变

我国语文教育的历史源远流长。古代的语文教育没有单独设立语文课程，语文单独设科始于清末。1904年1月，清政府颁布了《奏定学堂章程》，史称"癸卯学制"。该章程是我国第一个正式颁布后实际推行的学制。该学制规定的中小学必修课程中有"读经讲经"和"中国文学"两门课程，这是我国语文独立设科最早的名称。

1911年，辛亥革命推翻了清朝政府，国民政府于1912—1913年颁布了新的学制（史称"壬子癸丑学制"），取消了中小学的读经课程，中小学语文课程统一被称为"国文"，主要学习的是文言文。五四运动以后，在新文化运动提倡白话文的浪潮冲击下，北洋政府教育部于1920年将小学的"国文"（文言文）改为"国语"（语体文），随后又分期废除了文言教科书，至1922年，全国废除中小学各年级用文言文编写的国文教科书，中小学各科逐渐全部使用白话文编写的教科书。此后，语文课程在小学被称为"国语"，在中学被称为"国文"。1949年中华人民共和国成立后，经专家学者的多次讨论，决定将中小学语文课程的名称正式定为"语文"，由此开启了我国语文教学的历史新时代。

小学语文教学的发展变化是与小学语文教学思想的变化紧密相连的，而小学语文教学思想的演变又往往直接体现在小学语文教学大纲和课程标准的历史演变中，因此要全面、深入地理解小学语文教学的发展变化,就要从小学语文教学大纲和课程标准的历史嬗变入手,深入全面地了解小学语文教学发展变化的历史轨迹。

一、民国时期的语文课程标准

民国时期的语文课程在小学被称为"国语",在中学被称为"国文"。在此期间,有五部语文课程标准被正式颁布。

(1) 1912年1月,南京临时政府教育部颁布了《普通教育暂行课程之标准》,规定开设的各种科目中有"国文"科。1912年11月,在《普通教育暂行课程之标准》的基础上,又制定了《小学校教则及课程表》,对国文教育的目标先总后分地做出了规定:

> 国文要旨,在使儿童学习普通语言文字,养成发表思想之能力,兼以启发其智德。
>
> 初等小学校,首宜正其发音,使知简单的文字之读法、书法、作法,渐授以日用文章,并使之练习语言。
>
> 高等小学校,首宜依前项教授渐及普通文字之读法、书法、作法,并使练习语言。

(2) 1923年,全国教育联合会组织新学制课程标准起草委员会,拟定《新学制课程标准纲要·小学国语课程纲要》,虽然并未经教育部审定正式公布,但许多地方采用了这个纲要。它规定国语科包括语言、读文、作文、写字四项,提倡教白话文,使学生能自由表达思想,并列出了具体的教学方法。这个时期的全国国民学校一、二年级国文教材全部使用语体文,此前编写的文言文教科书一律废止,换而采用语体文编写的教科书。

(3) 1929年的《小学课程暂行标准:小学国语》规定,小学国语包括说话、读书、作文、写字四项。它加强了对教学方法的指导,共列出说话、读书、作文、写字的教法27项,并规定了教法的总则,强调分步练习的原则,作文以实际需要为动机,练习方式多变化,各项作业成绩的批改指导要充分利用现成的量表等。

(4) 1932年公布的《小学课程标准国语》突出儿童本位,教学内容和教学方法注意儿童化,教学目标更为明确、具体。比如,在作文方面提出要利用环境,随机设计,使儿童口述或笔述,不仅练写普通文,还要练写实用文。

(5) 1941年的《小学国语科课程标准》,在目标上明确提出"培养儿童修己善群、爱护国家民族的意识和情绪",在内容上更加具体、广泛,既明确了教材的内容范围,又规范了教材的形式。

二、中华人民共和国成立初期的语文课程标准

1949年中华人民共和国成立后,中小学语文课程正式定名为"语文"。1949年至2000年,我国一共颁布了六部小学语文教学大纲,其间还有一些过渡性的大纲草案,如1950年的《小学语文课程暂行标准(草案)》等。这些教学大纲反映了小学语文教学改革和发展的曲折道路。

(1)1956年,教育部颁布了中华人民共和国成立后的第一部小学语文教学大纲——《小学语文教学大纲(草案)》。该教学大纲由"说明"和"教学大纲"两部分构成,"说明"部分规定了小学语文学科性质、基本任务和教学内容,"教学大纲"部分则按学年分项目地对教学内容、教学方法等提出了具体要求。

该大纲具有以下特点:①既重视语文学科的思想性,又重视语文学科的工具性,并规定小学语文学科的基本任务是发展儿童语言,提高儿童理解语言的能力和运用语言的能力。②重视识字教学,明确规定小学阶段的识字总量为3000~3500个,并提出"小学第一、二学年的阅读教学以识字为重点"。③"汉语教学"单列,明确规定了汉语教学的任务。汉语教学的内容,依照语言科学本身的系统应该是语音、词汇、语法、文字、标点符号五项。同时,对汉语教学的方法做了具体的指示,即汉语教学要凭借足够的语言材料,从语言材料中概括出基本的语言规律,让学生认识这些语言规律,并且用这些语言规律指导自己的语言实际。④注重培养儿童独立阅读的能力,发展儿童思维,明确提出"阅读教学的任务是培养儿童独立地自觉地阅读的能力",并首次提出阅读教学要与发展思维结合起来。

1956年颁布的教学大纲是中华人民共和国成立至今我国颁布的内容最详尽的一部大纲,也是要求偏高的一部大纲,条目比较全面、有条理、具体。其中,汉语教学部分明确规定了小学语文的教学内容,解决了语文教学"教什么"的问题,方向是正确的。然而,由于教学方法滞后等原因,教学效果不理想,这部大纲到1958年实际上已经停止推行。

(2)1963年,教育部颁布了我国第二部语文教学大纲——《全日制小学语文教学

大纲（草案）》。该教学大纲由七部分构成：一是语文的重要性和语文教学的目的，二是教学要求，三是教学内容，四是选材标准，五是教学内容的安排，六是教学中应该注意的几个问题，七是各年级的教学要求和教学内容。

该教学大纲第一次提出了小学语文课程的性质："语文是学好各门知识和从事各种工作的基本工具"，"是学生必须首先掌握的最基本的工具"。该教学大纲明确提出语文教学负有语文知识教学和思想教育的双重任务。在强调语文工具性的同时，该教学大纲要求加强读、写训练，注意思想内容和语言形式的统一。

该教学大纲还有以下几个特点：①针对 1956 年颁布的教学大纲中"汉语教学"单列存在的一些问题，明确提出"小学阶段不要系统地教语法知识，要让学生从实际运用中领会必要的用词造句的规则"。②重视语文基础知识和基本技能的训练，是这部大纲最显著的特点之一，具体表现在以下三个方面。一是规定小学阶段"学生认识三千五百个常用汉字"，"在一二年级教学生掌握半数左右"。这是迄今为止对识字量要求最高的一部大纲。这个要求强调以识字为重点，客观上影响了其他语文能力的训练。二是强调双基教学，如在"教学内容"中对识字、写字、课文、练习、作文的内容作出明确的规定，以保证基础知识和基本技能训练的落实。三是强调语文学习要多读多练，把多读多练作为学生获得语文能力的重要途径和基本手段，练习的内容包括识字、写字、拼音、掌握词汇、用词、造句、使用标点符号、朗读、默读、背诵、抄写、默写、分段、复述、写段落大意等。

这部大纲总结和吸收了我国传统语文教学的经验，强调多读多练，对提高语文教学质量及以后的语文教学发展具有深远的影响。遗憾的是，这部大纲对思想教育不够重视，虽然在语文性质与特点中提到了语文课程的双重任务，但在教学目标中没有提出具体的思想教育要求。

（3）1978 年，教育部颁布了我国第三部语文教学大纲——《全日制十年制学校小学语文教学大纲（试行草案）》。这部大纲由前言和教学大纲两部分组成。其中，教学大纲部分分为六章：一是教学目的和要求，二是教材编排原则和方法，三是识字与写字教学，四是阅读教学，五是作文教学，六是基础训练。这部大纲是在 1963 年颁布的大纲的基础上制定的，既是对"文化大革命"时期语文教育领域极"左"路线的改正，也是对中华人民共和国成立以来我国小学语文教学经验教训的总结。

该教学大纲明确提出语文课程的性质特点，如在前言部分指出语文学科的重要特点是"思想政治教育和语文知识教学的辩证统一"。这种语文课程的工具性和思想性统一的思想给以后各部教学大纲对语文课程性质的界定奠定了基础。

该教学大纲还提出了语文教材编写的原则和方法。关于教材编写，大纲提出了三条原则：一是要有利于教学目的要求的全面实现，二是要符合学习语文的规律，三是要充分考虑儿童的年龄特征和接受能力。在教材编排方法上，大纲提出了一些新的思路，如课程中出现的生字被分为两类，一类要求"四会"，一类要求"两会"，既保证了识字教学质量，又增加了识字的弹性；在阅读教学中安排了三类课文，即讲读课文、阅读课文和独立阅读课文，既增加了学生的阅读量，又有利于培养学生的独立阅读能力和阅读习惯。

该教学大纲创造性地在每组课文之后安排了"基础训练"板块。该板块相对独立，内容包括识字、写字、阅读、说话、作文，以及字、词、句、篇、标点符号等基本功训练，体现了语文基本功训练的渐进性和系统性。

（4）1986年，中华人民共和国国家教育委员会颁布了我国第四部语文教学大纲——《全日制小学语文教学大纲》。这是中华人民共和国成立以来第一部没有"草案""试行草案"等字样的语文教学大纲，也是为贯彻《中华人民共和国义务教育法》做准备的过渡性大纲。根据实施义务教育的实际情况和现实需要，该教学大纲重新修订了教学目的，适当降低了某些内容的教学要求。该教学大纲由八个部分构成，即前言、教学目的和要求、识字与写字教学、阅读教学、作文教学、基础训练、教材编排原则和方法、努力改进小学语文教学。该大纲还分别编制了五年制和六年制小学各年级的具体教学要求。为减轻学生的学习负担，该大纲调整了识字要求，由认识并掌握3000个左右的汉字改为掌握2500个左右的汉字。该大纲还改进了考查学生成绩的办法，减轻了学生的课外作业量，明确了小学语文具有的基础性、工具性和思想性性质。

（5）1992年的《九年义务教育全日制小学语文教学大纲（试用）》是《中华人民共和国义务教育法》颁布后为促进义务教育的实施而制定的第五部语文教学大纲。该大纲包括六章：第一章"前言"，着重讲小学语文的性质、任务和教学的指导思想；第二章"教学目的和教学要求"是大纲的核心部分，提出了小学阶段语文教学的总目标和总的教学要求；第三章是"教学内容和教学提示"；第四章"课外活动"讲了语文课外活动的作用、内容、形式等；第五章是"教学中应该注意的几个主要问题"；第六章是"各年级的具体教学要求"，分别列出了五年制小学和六年制小学各年级的教学要求。该教学大纲的独特之处是从语言文字训练和思想教育两方面阐释教学内容，把课外活动放到了重要位置，认为课外活动是语文教学的有机组成部分，同时删去了1986年颁布的《全日制小学语文教学大纲》中的"基础训练""教材编排原则和方法"两部分内容,以便各地教材编写部门编写出各具特色的教材。

该教学大纲从义务教育是所有适龄儿童必须接受的国民教育这一特点出发,充分考虑各地经济、文化、教育发展不平衡的现实,适当降低了语文基本功训练的要求,如适当减少识字量,学会常用汉字 2500 个左右;适当降低作文要求,能写简单的记叙文、常用的应用文,作文具体要求调整为"内容具体,感情真实,语句通顺",删去了详略方面的要求。

(6) 2000 年颁布的《九年义务教育全日制小学语文教学大纲(试用修订版)》与以前的大纲相比,有以下四方面的重要变化:①对语文学科的性质进行了界定,认为"语文是最重要的交际工具,是人类文化的重要组成部分","小学语文是义务教育阶段的一门基础学科"。②将原大纲教学内容和要求中的"听话说话"改为"口语交际",从汉语拼音、识字、写字、阅读、作文、口语交际诸方面提出了语文教学的总要求,并对低、中、高三个年级提出了具体的要求。③从对教师的评估和对学生的评估两方面阐明了语文教学的评估问题。④最后附录了古诗词背诵推荐篇目 80 篇。

三、新课程改革时期的语文课程标准

进入 21 世纪以后,为贯彻《中共中央国务院关于深化教育改革全面推进素质教育的决定》和《国务院关于基础教育改革与发展的决定》,教育部颁布了《基础教育课程改革纲要(试行)》,由此掀起了一轮新课程改革的热潮,中小学语文课程改革是其中的重要组成部分。在此期间,我国先后颁布了三部语文课程标准。

(1) 2001 年颁布的《全日制义务教育语文课程标准(实验稿)》(以下简称《实验稿》)主要包括四个部分的内容:

第一部分为"前言"。这一部分主要是结合目前的课程改革,根据语文课程的特点和要求,阐述语文课程的性质、课程基本理念、总体设计思路。

第二部分为"课程目标"。这一部分是根据课程改革转变课程功能的要求,从知识与技能、过程与方法、情感态度与价值观三个维度,确定语文课程门类的总目标。在总目标下,又分别提出了四个分阶段目标,其中前三个阶段属于小学,第四个阶段属于初中。

第三部分为"实施建议"。这一部分是为确保达到课程目标和内容标准而提出的课程实施建议，包括教与学的建议、评价建议、课程资源开发与利用的建议、教材编写建议等。

第四部分为"附录"。这一部分包含关于优秀诗文背诵推荐篇目的建议、关于课外读物的建议等。

该课程标准提出语文具有"工具性与人文性的统一"的特点，结束了长期以来关于语文教学的目标更偏向工具性或人文性的争端，并提出四个基本理念，即全面提高学生的语文素养，正确把握语文教育的特点，积极倡导自主、合作、探究的学习方式，努力建设开放而有活力的语文课程。在总体设计上，该课程标准采取九年一贯制的设计思路，使中小学语文教育的衔接更为顺畅，避免了因升学而造成的语文教学的脱节或重复。

（2）2011年颁布的《义务教育语文课程标准（2011年版）》，是在《实验稿》的基础上修订而成的。这次修订是基于社会和教育发展的需要，也是对课程改革实验中发现的问题作出的针对性回应。它仍保留了课程改革的基本精神和《实验稿》原有的结构，但是在内容和文字表述上做了调整和修改。

这部语文课程标准的最大亮点是对语文课程的性质做出界说："语文课程是一门学习语言文字运用的综合性、实践性课程。义务教育阶段的语文课程，应使学生初步学会运用祖国语言文字进行交流沟通，吸收古今中外优秀文化，提高思想文化修养，促进自身精神成长。工具性与人文性的统一，是语文课程的基本特点。"语文课程到底学什么？中华人民共和国成立以来的语文课程标准和教学大纲一直纠缠于工具性、思想性或人文性的争论，没有对课程性质问题作出明确回应。这部课程标准明确作出回答："语文课程是一门学习语言文字运用的综合性、实践性课程……工具性与人文性的统一，是语文课程的基本特点。"

这部课程标准在课程目标和内容方面做了适当修改和调整。在识字与写字目标上，适当降低了第一、第二学段的识字、写字量。在阅读目标和内容方面增加了学习略读、浏览两种阅读方式，还增加了非连续性文本的阅读。这是首次在语文课程标准中出现非连续性文本的概念，其缘由可能是在2009年国际学生评估项目（PISA）的阅读测试中，我国学生在连续性阅读方面的得分名列前茅，而在非连续性文本阅读方面的得分远低于连续性文本阅读。阅读方式和种类的不断丰富更加满足了学生生活中不同目的的阅读。

这部课程标准在教学目标修改上总体表现出四个特征：一是降低了不必要的难度，强调基础性、实用性；二是人文性的内容增多了，更注重以德育人的养成性教育；三是与实践联系得更紧密了，突出了语文运用的实践性，使学生在学语文、用语文的过程中形成和提高语文素养；四是突出了学生在语文教学中的主体地位。

（3）2022年颁布的《义务教育语文课程标准（2022年版）》（以下简称"新版语文课程标准"），是基于当前社会和教育发展的需要，针对语文课程改革和探索中出现的成果与发现的问题重新编写的。这部课程标准增加了课程内容和学业质量两大部分，在编写结构上做了重大调整；课程性质、课程理念和课程目标等方面的表述也做了很大修改；篇幅大大增加，正文部分字数从原来的16000多字增加到33000多字。对这部课程标准的解读在下面几个小节具体展开。

第二节 语文课程性质

所谓性质，是指一种事物区别于其他事物的根本属性。有些事物的性质比较简单，具有非此即彼的特点，这类事物只要把其某一方面的特性揭示出来就明了了。有的事物比较复杂，具有多方面的特性，从不同的角度或时段去考察，往往会得出不同的结论。语文课程的性质就属于复杂的事物，不同历史时期对语文课程性质往往会有不同的认识。比如，主张工具性的，在教学中主要关注的是语文能力培养和训练；主张人文性的，则更多关注的是语文教学中思想道德或审美教育方面的价值。不同时期对语文课程性质认识上的差异，在语文教学中的表现就是经常出现左右摇摆的周期性振荡现象。

对比进入21世纪以来的三部语文课程标准可以发现，对语文课程性质的认识是不断变化和发展的，尤其是2022年的新版语文课程标准，单列了一章"课程性质"，用三段话从语文课程的性质、特点和多功能任务三个层面做了较全面的论述，比前两部语文课程标准更具有逻辑性，对语文教学将产生深远的影响，需要重点分析和解读。

一、语文课程的性质

《义务教育语文课程标准（2011年版）》在表述语文课程性质时指出："语文课程

是一门学习语言文字运用的综合性、实践性课程。"这是课程标准首次提出要加强"语言文字运用"。我国在不同时期分别从思想性、工具性、人文性等角度指导语文教学，比如，1979—2000年突出工具性，强调语文知识与语文技能训练；2001—2011年强调人文性，突出感悟、体验而忽视语文知识与技能的学习；《义务教育语文课程标准（2011年版）》强调"语言文字运用"，使我国语文教学开始从静态的知识学习走向动态的语用学习，为推进语文课程改革、促进学生语文素养的提升指明了方向。

新版语文课程标准对语文课程性质有了新的认识，将语文课程性质精准表述为："语文课程是一门学习国家通用语言文字运用的综合性、实践性课程。"在"语言文字"前增加了"国家通用"四个字，这个修改意义重大。

长期以来，语文教学大纲和课程标准提的都是"语言文字"，概念含糊，外延太大。后来在"语言文字"前面加上"祖国"二字，但"祖国语言文字"确切指什么，是普通话还是方言？是文言文还是白话文？各地的方言和少数民族语言是不是祖国语言？再说文字，是繁体字还是简化字？是甲骨文、隶书还是正楷？都说不清楚。现在改为"国家通用语言文字"，不但概念清楚了，而且将语文教学的内容提高到国家法律层面，反映了国家的语言文字政策与法规，也将给语文教学带来积极的长远影响。《中华人民共和国国家通用语言文字法》指出："国家通用语言文字是普通话和规范汉字。"该法还明确规定学校要通过语文课程"教授普通话和规范汉字"，语文教材应当符合国家通用语言文字的规范和标准。《中华人民共和国教育法》第十二条也明确规定："学校及其他教育机构应当使用国家通用语言文字进行教育教学。"

这里还有一个问题要说明，"国家通用语言文字"和"文言"的关系。"文言"和"国家通用语言"同根同源，是中华民族在不同时期的同一种语言。文言是"国家通用语言"的源头，"国家通用语言"是文言的继承和发展。如许多成语典故、名言警句都来自文言，普通话的许多表达也需要借助文言来丰富内涵，提升品质。因此，学习"国家通用语言文字"不仅有助于规范运用语言文字，而且有助于合理借鉴、传承优秀的传统文化。

二、语文课程的基本特点

新版语文课程标准对语文课程特点的表述是："工具性与人文性的统一，是语文课程的基本特点。"这一表述，20 年来没有变化，但要深入地理解语文课程的特点，还需要对工具性与人文性的内涵进行合理的解释。

（一）关于工具性的解读

《现代汉语词典（第 7 版）》对"工具"有两个解释：进行生产劳动时所使用的器具，如锯、刨、犁、锄；比喻用以达到目的的事物。显然，语文课程的工具性主要是指后者，是一种比喻的说法。从语文教学实践的角度考察，语文课程的工具性至少包含两层含义：一是工具本身，如汉字、拼音字母、标点符号、词汇、句子、篇章，以及语法、修辞等规律性知识；二是使用工具的技能，如朗读、写字的动作技能，遣词造句、谋篇布局的智慧技能，以及阅读、习作、口语交际的综合能力。长期以来，语文教学比较关注的是前者，即语言文字工具的本身，对后者（运用工具的技能）则比较忽视。《义务教育语文课程标准（2011 年版）》对此做了一些调整，提出加强语言文字运用的内容。新版语文课程标准坚持了这一观点。

（二）关于人文性的解读

《现代汉语词典（第 7 版）》对"人文"也有两个解释：指人类社会的各种文化现象；指强调以人为主体，尊重人的价值，关心人的利益的思想观念。显然，语文课程中的人文性兼有这两个方面的含义。从现代科学心理学的广义知识观来看，语文课程的目标可分为能力和态度两大范畴，分别对应工具性和人文性。

强调语文课程的工具性、人文性以及两者的统一，必须紧紧围绕"语言文字运用"这个核心，将语文知识、技能、能力的习得与以德育人融为一体，从而实现工具价值最大化和人文价值最优化的终极目标。

在语文教学实践中，人文性的第一个层面已充分体现在语文教材的各类课文中。只要教材选文正确，学生通过阅读就能潜移默化地体会和感悟课文中蕴含的人文性，一般不需要教师过多地分析讲解。人文性的第二个层面涉及语文情感态度与价值观，与教师的人格魅力和教学艺术相关联。而工具性，则是语文教学实践需要格外重视的。除了少数学生能够无师自通、自学成才，大多数学生是需要通过语文教学才能掌握的。这是语文教学实践应该遵循的规律。

三、语文课程的多重功能

新版语文课程标准在表述语文课程主要任务时有两个重要的变化。

其一是将前两部语文课程标准中的"学生"改为"全体学生",即"致力于全体学生核心素养的形成与发展",这意味着语文教学任务将发生质的飞跃。"学生"是一个抽象概念,是少数成绩优秀的学生,还是多数成绩一般的学生?概念含糊不清。而"全体学生"的含义清楚明白,语文教学不仅要关注少数成绩优秀学生的学习,更要关注大多数成绩一般的学生的学习,并由此改变传统教学中以少数成绩优秀学生的学习来代表全体学生的学习的弊端,促进语文教学的健康发展。

其二是具体陈述了语文课程的基础性和多重功能。《实验稿》《义务教育语文课程标准(2011年版)》都明确指出"全面提高学生的语文素养",并对语文素养的内容做了比较具体的描述:语文课程应激发和培育学生热爱祖国语文的思想感情,引导学生丰富语言积累,培养语感,发展思维,初步掌握学习语文的基本方法,养成良好的学习习惯,具有适应实际生活需要的识字写字能力、阅读能力、写作能力、口语交际能力,正确运用祖国语言文字。语文课程还应重视提高学生的品德修养和审美情趣,使他们逐步形成良好的个性和健全的人格。

新版语文课程标准则具体明确地指出:"致力于全体学生核心素养的形成与发展,为学生学好其他课程打下基础;为学生形成正确的世界观、人生观、价值观,形成良好个性和健全人格打下基础;为培养学生求真创新的精神、实践能力和合作交流能力,促进德智体美劳全面发展及学生的终身发展打下基础。语文课程在推广普及国家通用语言文字、增强凝聚力、铸牢中华民族共同体意识,建立文化自信、培育时代新人,实现中华民族伟大复兴等方面具有不可替代的优势。语文课程的多重功能和奠基作用,决定了它在九年义务教育中的重要地位。"

第三节　语文课程理念

语文课程理念主要指语文课程改革的价值追求和实施策略。不同时期提出的课程理念往往是不同的。语文课程理念要根据语文课程改革理想和现实条件进行研判，寻求语文课程改革理想的目标，追求课程教学效益的最大化、学习成本的最小化，从而选择合适的语文课程目标、内容和行动策略。《义务教育语文课程标准（2011年版）》出台以来，语文课程改革取得显著成效，新版语文课程标准在此基础上，综合国际、国内社会与教育发展新形势对语文课程改革提出的新要求，提出了五条课程理念：①立足学生核心素养发展，充分发挥语文课程育人功能；②构建语文学习任务群，注重课程的阶段性与发展性；③突出课程内容的时代性和典范性，加强课程内容整合；④增强课程实施的情境性和实践性，促进学习方式变革；⑤倡导课程评价的过程性和整体性，重视评价的导向作用。与《义务教育语文课程标准（2011年版）》提出的基本理念相比，新版语文课程标准在理论认识上更加清晰，对实践的指导意义更具有操作性。

一、核心素养

新版语文课程标准指出："语文课程围绕核心素养，体现课程性质，反映课程理念，确立课程目标。"什么是核心素养？核心素养是学生通过课程学习逐步形成的正确价值观、必备品格和关键能力，是课程育人价值的集中体现。《义务教育语文课程标准（2011年版）》也将"全面提升学生的语文素养"作为课程基本理念的第一条，但没有"核心"这个词，也没有对什么是"语文素养"作出界定。新版语文课程标准将"立足学生核心素养发展，充分发挥语文课程育人功能"作为课程理念的第一条，并且在课程目标部分明确界定了核心素养的四个方面：文化自信、语言运用、思维能力和审美创造。

（一）文化自信

核心素养的第一个方面是文化自信。新版语文课程标准指出："文化自信是指学生认同中华文化，对中华文化的生命力有坚定信心。"中华文化具体指中华优秀传统文化、革命文化和社会主义先进文化。语文课程要使学生通过语文学习，热爱祖国语言文字，热爱中华文化，增强对中华文化的认同感和自信心。学生在继承和弘扬中华文化的同时，也要了解和借鉴世界其他国家、民族的优秀文化，以开阔文化视野，丰厚文化底蕴。

（二）语言运用

新版语文课程标准指出："语言运用是指学生在丰富的语言实践中，通过主动的积累、梳理和整合，初步具有良好语感；了解国家通用语言文字的特点和运用规律，形成个体语言经验；具有正确、规范运用语言文字的意识和能力，能在具体语言情境中有效交流沟通；感受语言文字的丰富内涵，对国家通用语言文字具有深厚感情。"语言运用是核心素养形成的基础，培养学生语言运用能力是语文课程必须承担的独特任务，这是语文课程的本质属性。语文课程与历史课、思政课的本质区别就在于，语文课程的主要任务是培养学生的语言运用能力。

（三）思维能力

新版语文课程标准指出："思维能力是指学生在语文学习过程中的联想想象、分析比较、归纳判断等认知表现，主要包括直觉思维、形象思维、逻辑思维、辩证思维和创造思维。"思维能力一般强调的是逻辑思维能力，新版语文课程标准特别指出了直觉思维、形象思维、创新思维，这对于小学生来说极其重要。小学语文课程要重视学生直觉思维、形象思维的培养，提高学生的想象力、好奇心。想象力、好奇心是创新思维的基础和前提。新版语文课程标准还提出了思维品质的提升，包括思维的敏捷性、灵活性、深刻性、独创性、批判性，这些都是语文教学工作者多年来对思维能力的认识不断深入的体现。

（四）审美创造

新版语文课程标准指出："审美创造是指学生通过感受、理解、欣赏、评价语言文字及作品，获得较为丰富的审美经验，具有初步的感受美、发现美和运用语言文字表现美、创造美的能力；涵养高雅情趣，具备健康的审美意识和正确的审美观念。"这指出了语文课程审美力表现的两个方面：一是通过阅读语言文字发现美、感受美，获得审美体验；二是通过运用语言文字创作作品，来表现美、创造美。对小学生而言，重点可能还是在通过感受、理解、欣赏、评价获得审美体验，形成正确的审美意识、健康向上的审美情趣以及品位等。

核心素养的四个方面是一个整体。这四个方面不是并列的，新版语文课程标准非常明确地指出，语言运用是核心素养形成的基础。语言是重要的交际工具和思维工具，语言发展的过程也是思维发展的过程。语言文字及作品是重要的审美对象，语言学习与运用也是培养审美能力和提升审美品位的重要途径。语言文字既是文化的载体，又是文化的重要组成部分，学习语言文字的过程也是学生文化积淀与发展的过程。可见，在语文课程中，思维能力、审美创造、文化自信应该在学生语言经验发展过程中得以实现。

二、语文学习任务群

新版语文课程标准中的课程理念第二条提出"构建语文学习任务群，注重课程的阶段性与发展性"。新版语文课程标准还提出："义务教育语文课程内容主要以学习任务群组织与呈现。设计语文学习任务，要围绕特定学习主题，确定具有内在逻辑关联的语文实践活动。语文学习任务群由相互关联的系列学习任务组成，共同指向学生的核心素养发展，具有情境性、实践性、综合性。"学习任务群是新版语文课程标准提出的一个新概念，也是小学语文课程的一种全新的教学方式。

什么是语文学习任务群？统编语文教材总主编温儒敏教授将其理解为用典型的任务、比较适合的情境，来加强学生学习的主动性、教学的实践性。按照新版语文课程标准编写专家的解释，正确实施学习任务群教学必须认识三个关键要素：真实的语文学习情境、统整的学习主题、典型的语文实践活动。教师要结合学生的生活，努力沟通生活与语文学习的联系，创设真实的语文运用情境，结合教材资源统整出语文学习任务，引导学生开展语文实践活动。这样才能让语文课程教学从静态语文知识学习转变为动态的语文实践过程，让学生在亲身参与语文实践过程中获得语文知识，提高语言运用能力。在同一个课堂听教师上课，不同的学生得到的收获和体会是各不相同的。学生通过语文实践活动获得的语文知识和应用规律才更加管用。在《语文学习任务群的"是"与"非"》中，北京师范大学王宁教授认为："学习任务群并不是单篇文章的简单相加。由于学习资源是根据任务设置来选择的，这些资源之间一定要有互相促进的关系，能促进学生思考，使其产生问题意识，进而激发其更深层的思考。"王宁教授提出了做好学习任务群的两个标准：第一，学习任务群的本质是学生自主学习，是不是以学生为主体，有没有学生学习的真实情境，这是衡量学习任务群实施是否到位的首要标准。第二，教学必须符合语文课程的特质，也就是要做到语言文字运用，在任务驱动下把"阅读与鉴赏""表达与交流""梳理与探究"这三个语文活动综合起来，实现实践性、综合性。这两点做到了，单个的学习任务群的基本精神就能够体现了。

根据专家的解释，学习任务群这种教学模式和当下教师们习以为常的语文课教学模式有极大的区别。学习任务群对语文课程改革提出两大目标：一是变革课程内容的呈现方式。课程内容不是以单篇课文的方式呈现，教材呈现的是一个一个学习任务群；教学内容不再是学某一篇课文，而是完成真实情境中的某一项学习任务。二是变革语文课堂的教学方法。教师是教学活动的组织者，学生真正成为学习的主体，在一定情境之中带着一定的任务进行伙伴式的学习、探究式的学习，教学过程由学生完成学习任务的一个一个实践活动构成。

长期以来，语文课程内容主要是按照语文知识点和语文能力训练点开展教学。统编本教材强调单元语文要素，将学生需要掌握的语文知识、能力、学习习惯梳理成一个个语文要素，按照学生学习语文的年段目标排列成一个教学序列，这是一种语文知识点和能力训练点静态的线性排列。这样零敲碎打地教授语文知识或指导读写的方法策略，表面上看学生似乎学过了，好像也明白了，但实际上学生很难形成有意义的自我建构，在生活实践中往往难以运用。语文知识的获得必须通过学生的实践来体会和获取，不然仅仅是一些语言学教条，不能转化为必备的能力。学习任务群这一教学方式试图改变语文知识点和能力训练点静态的线性排列方式，将静态的语文知识点学习转化为动态的语文实践，引导学生开展语文实践活动。这样才能让语文课程教学从静态的语文知识点学习转变为动态的语文实践过程，让学生在亲身参与语文实践过程中获得语文知识，提高语言运用能力。

为适应语文课程教学内容新的变化，有关专家建议语文教师做好以下工作：第一，要切实转变语文教学观念，变聚焦静态的语文知识教学为聚焦学习任务群的学生实践。过去教师关注的是教什么语文要素，现在应该关注的是学习任务群主题如何选择，如何创设真实的学习情境以促使学生完成学习任务。第二，要探索新的教学方式。过去教师纠结的是语文要素怎么落实，现在要研究的是如何围绕学习任务设计学生的实践活动，什么方式的实践活动对学生完成学习任务更加有效。第三，也是非常关键的一点，要规划一整套适合学习任务群的教学内容体系。新版语文课程标准指出，"学习任务群的安排注重整体规划，根据学段特征，突出不同学段学生核心素养发展的需求，体现连贯性和适应性"，这是推进学习任务群的基础工作，需要一线教师和语文课程教学论专家共同完成。新版语文课程标准对学习任务群教学内容有初步的设计和提示，但离教学内容体系还有相当距离。当下对学习任务群的理论认识相比教学实践研究更加成熟。小学语文教学实施学习任务群其实刚刚起步，没有完整的实践经验可以借鉴，在理论认识上需不断深入，教师要通过教学实践不断研究、不断探索、不断总结。

三、加强课程内容整合

新版语文课程标准中的课程理念第三条提出"突出课程内容的时代性和典范性，加强课程内容整合"。课程内容要从以下四个方面进行整合：一是情感态度与价值观、知识与能力、过程与方法的整合，重视语文课程的价值取向，突出社会主义先进文化、革命文化、中华优秀传统文化。二是重视语文课程内容与生活的联系，设计的学习任务群要结合学生的生活，让学生在生活中学习语言、运用语言。三是加强与其他学科的联系，将"跨学科学习"作为六个学习任务群之一，重视语文课程综合性的特点。四是注重听说读写的整合，促进学生语文能力的整体发展。

学习任务群教学以学习任务为载体，以单元为基本教学单位，设计真实的语文实践活动，为语文课程内容整合和实施提出了一个很好的思路。比如，指导学生学习说明文。按照传统的教学方法，一般会将重点放在一篇篇说明文的教学上，每篇课文都要先读懂，理解课文的知识内容，然后体会课文结构、说明方法和表达特点等。这样的单篇课文教学，学生获得的知识往往是碎片化的。尽管许多优秀教师还会通过几篇课文的比较总结，归纳出撰写说明文的一般规则，但脱离生活实际的静态知识教学，虽然学生能听懂，但听懂并不等于会写，离真正会写说明文还有很大的距离。要真正使学生学会写说明文，最好的方式是引导学生结合生活经验撰写说明文，在具体的写作实践中学会写说明文，并且针对不同知识内容采用不同的写作策略，使学生通过不同知识内容与说明方法的联系和运用，进行写说明文的实战演练，这样学生才能将阅读教学中获得的说明方法、说明文的文体知识转化为写说明文的综合能力。

与教师习以为常的单篇课文教学相比，学习任务群教学具有以下优点：

（1）瞄准特定的语文学习任务设计学习活动，能有效整合单元课文、口语交际、习作、整本书阅读等多项教学内容，强化读写听说的内在联系，使各项学习内容成为完成特定学习任务的一个个有机组成部分，更加有利于实现教学效果最大化。

（2）在真实情境的学习任务驱动下开展学习活动，可以充分激发学生的学习兴趣。学生为顺利完成学习任务，必定会更加投入地学习，学习的主动性更强、参与面更广，学生自主学习、小组合作学习、个人动笔实践、师生共同点评等教学活动方式更有助于学生学习任务的完成，这样就从根本上促进语文课堂教学方式的变化。

（3）学习任务群依托学生生活创设真实的学习任务，以学生实践活动为主线开展学习，能让语文课程教学从静态的语文知识点学习转变为动态的语文实践过程，使学生在语言的实践中学习语文知识、方法策略。在真实的情境中获得的语文知识和方法策略有助于学生在生活实践中迁移运用。

（4）学习任务群的实施，使学生学习语文的空间不只局限在教室和学校，而是扩展到家庭、社区乃至整个社会。学生可以到图书馆看书查找资料，到博物馆参观访问，到教育基地考察，到社会上进行专题调查等，密切了语文学习与生活的联系，扩展了语文学习的时间和空间。课内课外有机融合，学校、家庭、社区三位一体，家长、学生、教师共同发力，有利于提高学生语文学科素养。

四、增强语文课程的实践性

新版语文课程标准中的课程理念第四条提出"增强课程实施的情境性和实践性，促进学习方式变革"。学习任务群的提出，改变的不仅是语文课程内容的呈现方式，更明确表达了改革语文教学方法的决心。《普通高中语文课程标准（2017年版2020年修订）》指出，学习任务群的设计，旨在引领高中语文教学的改革，力求改变教师大量讲解分析的教学模式。新版语文课程标准坚持这一观点，在六个学习任务群后面都有一段重要的"教学提示"，每段开头第一句话都强调"本学习任务群旨在引导学生在语文实践活动中"完成学习任务。可见，无论是小学、初中还是高中学生学习语文，都应该强调语文课程的实践性特点。以生活为基础，以语文实践活动为主线，以学习主题为引领，这是学习任务群设计和实施的基本方式。与传统语文课程教学相比，学习任务群这一教学模式的最大贡献可能是期望从根本上颠覆传统的以教师讲读单篇课文为主的语文课教学形态，以期实现语文教学效益的最大化和学生发展的最优化，使语文课教学面貌的根本改变成为可能。这是一种很有探索价值的语文课教学模式。

其实，《实验稿》就明确提出"语文是实践性很强的课程"，《义务教育语文课程标准（2011年版）》将实践性与综合性并列为语文课程性质，可是并没有在语文课堂教学中真正落到实处。长期以来，语文教学工作者都非常关注语文课程的综合性特点，非常重视语文课程的德育功能，发挥课程的教化作用，而语文课程的实践性特点却一直没能得到应有的重视。究其原因，语文课程的综合性特点是这门课程固有的、显性的特点，无论教师主观上是否重视，综合性特点始终客观存在。而实践性特点并非语文课程本身内在的、固有的，严格来说它是学习这门课程的特点，体现的是这门课程的学习规律。实践性特点是通过长期的教学实践、反复的观察和深入的研究，才逐渐被人们发现并总结出来的，在教学过程中也只能靠执教者的主观努力才能得到落实，因此容易被人忽视。这也是我国语文课程标准直到2011年才将实践性作为课程性质提出的重要原因。

第二章　小学语文教学基本技能

第一节　教学目标设计与教案编写

一、教学目标设计

教学目标是一堂课的起点又是一堂课的归宿。语文学科具有整体性强、综合性强的特点。其他学科的教材大都以基础知识、基本技能为纲编写，每个知识点、技能点都有相对的独立性。但语文教材是以整篇的文章为纲编排的，各种知识点、技能训练点同时蕴含在一篇文章之中，如何选择和合理设计教学目标则显得尤为重要。

（一）教学目标的内涵

1.课堂教学目标

教学目标是教师预先确定，在教学活动中要达到的，利用技术手段可以测度的教学结果。它表现为对学习终结行为的描述，或对学生在教学结束时其知识等方面变化的说明。对于教学目标，我们可以从四个方面进行理解：首先，教学目标是教与学双方合作实现的目标，它表现为教师活动引起学生行为的变化。其次，教学目标是教学活动预期的结果，是师生对教学结果主观上的一种期望，它表明教学是一种由自由目的支配的活动。再次，教学目标是通过教学活动可以达到的结果，它应是具体明确和便于操作的，还应该符合教学实际和学生实际。最后，教学目标可以测度，教师可编制相应的评价量表，对教学目标的达成度进行定性或定量的测度，从而科学地测评教学结果。

课堂教学目标是指课堂教学活动预期要达到的学习结果。它表现为对学生学习成果及终结行为的具体描述，或对学生在教学活动结束时知识和技能等方面变化的说明。

2.语文教学目标

语文教学目标可分为语文课程教学目标和语文课堂教学目标，前者是从语文学科的角度规定的人才培养规格和质量要求，后者主要是从课程实施的角度规定的语文课堂教学预期要达到的学习结果。

对两者的关系，李海林在《关于语文教学目标的几点思考》中提到：一是课堂教学目标与课程教学目标是两个不同的概念，两者之间有一个相当大的模糊地带，应允许课堂教学目标与课程教学目标之间有一定的空间、余地甚至空白。二是要弄清体系性教学目标与非体系性教学目标的区别。语文教学目标不是由若干课堂教学目标一级一级累加性地构成目标结构，而是网络性地、滚雪球性地、积淀性地构成教学目标。

3.语文课程三维教学目标

《实验稿》在"课程标准的设计思路"中指出："课程目标根据知识与能力、过程与方法、情感态度与价值观三个维度设计。三个方面相互渗透，融为一体，注重语文素养的整体提高。"三维教学目标打破了过去知识本位、忽视对学习过程体验的引导、缺乏对学生情感态度和价值观培养的弊端，对全面提升学生语文素养具有重要意义。同时也为教师制订课堂教学目标提供了借鉴——在制订教学目标时，不应局限于二元对立的思维模式，而应以一种统合的思维方式剖析和确立教学目标。

（二）教学目标的作用

教学目标是课堂教学的灵魂，它支配、调节、控制着整个教学过程，是教学活动的出发点和归宿，是教师选择教学内容，运用教学方法、教学策略、教学媒体，调控课堂教学，以及评价教学效果的基本依据，同时还是学生自我激励、自我调控、自我评估的重要手段。

1.导向作用

语文课堂是一个生成性的课堂，但并不意味着语文课可以毫无章法可言。语文课堂教学目标具有导向作用，能够引导课堂教学朝着正确的方向发展。有了明确的目标，课堂教学就能尽量排除无关的干扰刺激，使教学的重心始终聚焦在与教学目标相关的内容上，避免了教学主观随意性。

2.调控作用

语文课堂是一个动态化的课堂，课堂教学目标贯穿教学过程始终，调节、控制着课堂教与学的活动，使之在动态中追求平衡。

3.激励作用

目标激励是重要的激励策略之一，教学目标囊括了集体课堂教学目标和学生个体学习目标，能有效激发学生的学习动机，增强学生的成就感、自信心。

4.评价作用

课堂教学是否完成了教学任务，效果如何，是否需要调整，如何调整，回答这些问题的主要依据就是明确、具体的课堂教学目标。

（三）教学目标的确定原则

汪潮教授在《小学语文教学目标的编制策略》中提到，小学语文教学目标编制要遵循教育性原则、可行性原则、系统性原则、可测性原则。在此基础上，本书将教学目标的确定原则概括为科学化原则、具体化原则、系统化原则、动态化原则、个性化原则。

1.科学化原则

科学的目标是可行的目标，在制订课堂教学目标时要按规律办事。教学目标要符合语文学科教学的规律，符合小学生学习语文的规律，符合小学生身心发展的规律。

2.具体化原则

小学语文教学目标的具体化表现为，目标能被清晰描述、被具体认识、可操作性强、容易评估等。具体化的教学目标既能对教师的教学过程起到清晰的导向作用，又便于学生对自我学习程度进行监控。

3.系统化原则

小学语文教学目标的系统化体现在，既要依照课程标准确定目标，又要对整个小学阶段的教学目标进行合理的梳理，还要根据每个单元的具体教学内容确定。

4.动态化原则

语文学科教学不同于其他学科有严密的知识序列，因此在制订教学目标时不可能设计一个直线的、完全系统化的教学目标，要受学生情况、课程资源等多因素的影响，呈动态的螺旋上升趋势。

5.个性化原则

课堂教学目标是教师制订的，但最终还需要落实到学生身上。在制订教学目标过程中，既要从语文学科的知识、技能、策略等共性进行设计，又要根据学生的情况进行选择，体现学科性，也体现学习者的个性。

二、教案编写

（一）教案的内涵

教案又称课时教学计划，是教师为有效进行教学实践活动而事先设计的工作蓝图，是教师以现代教学理论为基础，依据课标要求、教学对象的特点、不同教学内容的需要，以及教师个人的教学理念、经验、风格，运用系统的观点与方法，分析和处理教材内容，针对所教内容的教学目标、教学重难点、教学流程、教学方法等设计的具体实施方案。

（二）教案的价值

编写教案有利于教师研究教材内容，准确把握教材的重点与难点，进而选择科学、恰当的教学方法；有利于教师科学、合理地支配课堂时间，更好地组织教学活动，提高教学质量，收到预期的教学效果。教案是对课堂教学的总的导向、规划和组织，是课堂教学规划的蓝本。此外，教案还有三个附带性作用：一是备忘录作用，用文字载体保存的信息可供教师随时提取或查阅；二是资料库作用，从长远角度看，教案中保存着教师从各种渠道获得的珍贵材料以及自身的经验与心得，积累多了自然形成一座资料宝库；三是教改课题源泉作用，教案中丰富的案例、独特的教学设想、别致的教学环节、精心设计的教学问题、教学后的得失体会等往往成为教师选择教改研究课题的源泉。

（三）教案的类型

教案依据划分标准、研究角度可分为不同类型。

从课型的角度来划分，教案可分为新授课教案、复习课教案、习题课教案、考查课教案。这也是最为常见的、最容易理解的一种划分方式。

从教学实践来看，教案通常可分为以下几种类型。

1. 讲义式教案

这种教案按照教学时间的规定、教学内容的进度和计划安排的顺序把全部教学活动都编写出来，近似教学用的讲义。

2. 提纲式教案

和上述讲义式教案的不同在于它比较简略。一般有经验的教师在备课过程中，只把重点、难点摘要写在上面，内容集中、简练，篇幅不多。

选取讲义式详案还是提纲式的简案,取决于教师的业务能力和教学经验。一般来说,青年教师刚开始上课,最好编写尽可能详细的教案,在积累了丰富的教学经验,熟悉了教材内容,提高了教学能力之后,再编写提纲式的教案。

3.图表式教案

图表式教案就是把要讲的课时内容整理成一张图表。它的优点是简明扼要,内在关系清楚,使人易看好记,教师也好运用。问题在于它容易使学生死记硬背,不求理解,把生动的事物之间的关系看得过死,在有些问题上也容易简单化。在实际运用过程中,教师多把图表作为教案的组成部分,或作为问题的小结,而很少把图表作为一个完整的教案去使用。一个图表要将讲授内容全部包括进去比较困难,而且进度安排、教学环节、教学方法也很难得到体现。

(四)教案的构成元素

教案编写一般来说没有固定的模式,可以根据教学需要进行选择,但课程名称、适用年级、任课教师、具体内容等要素是必要的。具体内容主要包括课题、教学目标、教学重难点、课时安排、教学过程、板书设计等项目。

(1)课题。课题指授课内容的标题,主要是课文的题目。

(2)教学目标。教学目标是师生通过教学活动预期达到的结果或标准,是对教学后学习者将能做什么的一种明确的、具体的表述,主要描述学习者通过学习后预期产生的行为变化。教学目标要难易适度,课时教学目标应当堂达成,不宜定得过高,同时要注意重点教学目标的设计。教学历来提倡一课一得,目标教学也要体现这一精神。教学目标设置的具体要求有以下几点:①明确陈述的主体对象是学生;②能体现语文教学的三个维度;③要处理好知识与技能、过程与方法、情感态度与价值观的关系;④教学目标必须是明确、集中、恰当、具体的;⑤教学目标必须是可观察、可检测的。

(3)教学重、难点。教学重点一般指为达到教学目的,在教学中重点教授的关键性内容,侧重于教师的角度。教学难点既包含教师因素也包含学生因素,一般指教师难以讲授的知识和学生难以达成的行为。教学重难点的设置要考虑重点如何突出,难点如何突破,深度如何把握。

(4)教学方法。教学方法是教师把自己的学识传授给学生的手段。在教学中,教师不应仅传授知识和技能,更重要的是教会学生主动学习和掌握知识的能力、方法。教师一要优化教法,因材施教,因学而教,顺学而导;二要选择学法,提倡自主、合作、探究式的学法。而学法的指导也要体现自主性、针对性、操作性、差异性和巩固性。

（5）教学过程。教学过程也称教学流程、教学步骤，是指为达成教学任务而制订的具体实施步骤和措施，是教案的主体部分。在教案书写过程中，教学过程是关键。

（6）作业布置。

（7）板书设计。主要包括随着教案内容展开的随机板书和每一课时的整体板书。

（五）教案的写作

教案编写是一个复杂的过程，从分析教材、分析学生，到设计教法等，是由众多的环节组成的一系列细致复杂的工作。

1.分析教材

教师要了解教材的组成、内部联系、外部联系，形成适宜的教学内容；挖掘教材中可培养学生能力、进行思想品德教育的因素并确定教材的重点与难点，为设计教学方法、编写教案提供依据。分析教材是编写教案的基础工作。

2.分析学生

分析学生主要是分析学生学习教材的知识准备情况，一般指智力、认知水平，以及学习掌握各种类型知识的一般心理过程。此外，教师还应了解特殊学生（平时学习水平很高或学习十分吃力的学生）的状况，以便从学生实际出发，研究有效的教学方法，编写教案。分析学生是编写教案的又一项基础工作。

3.设计教学方法

教师要在分析教材和学生情况的基础上，精心设计教学方法。教师设计教学方法时，既要考虑全课以哪种教学方法为主，又要考虑各部分教学内容适宜采用的方法。针对一段教材内容，教师既要考虑师生活动的方式，又要考虑学生的学习方法，同时还要考虑选择什么样的教学手段和教具，以便协调各教学要素之间的关系，顺利而高效地进行课堂教学活动。

4.编写教案

教师将上述各项工作的成果，按照教案的基本内容和形式，用书面的方式总结概括表述出来，就形成了课堂的教学计划。

第二节　课堂导入与提问

一、课堂导入

一堂课如同一篇优美的散文，开头便要漂亮，引人入胜；一堂课又恰似一支动人的乐曲，开头就要定好基调，扣人心弦。导入是语文课的第一个环节，十分关键，教师应当给予重视。好的导语像磁石，能把学生分散的思维一下子聚拢起来；好的导语又是思想的电光石火，能给学生以启迪，提高学生积极性。教师要把握课文的特点，根据学生的好奇心理，运用喜闻乐见的导入形式导入新课。

一般来说，导入新课应注意以下几点：

第一，符合教学的目的性和必要性；

第二，符合教学内容本身的科学性；

第三，从学生的实际出发；

第四，从课型的需要入手；

第五，导语要短小精悍；

第六，形式要多种多样。

课堂导入的方式有很多，教师要注意交叉运用。

（一）开门见山导入法

开门见山导入法，就是直接介绍新课的作者或主要内容来导入新课。

教师言简意赅、简洁明快的导入能引起学生的注意，激发学生的求知欲望，调动学生学习新课文的积极性，引导学生深入理解课文。

（二）设置悬念法

根据学生爱追根求源的心理特点，教师可以创造矛盾，提出问题，设置悬念，引起学生注意。在课堂教学导入时，教师可以利用巧妙设问制造悬念，让学生处于一种不愤不启的状态，促使学生在高昂的求知欲望中探求知识，引发学生学习知识的兴趣。

由于悬念的诱惑，学生立即对课文产生了浓厚的兴趣，一种强烈的好奇心驱使他们主动认真地读书、思考。值得注意的是，制造悬念要从教材和学生实际出发，如果故弄玄虚，那就失去了悬念的意义，有时甚至会把学生弄糊涂。

（三）创设情境法

语文教学应激发学生的学习兴趣，注重培养学生自主学习的意识和习惯，为学生创设良好的自主学习情境。教材中的不少课文或叙述了生动的故事，或描写了美妙的景色，教师可选择其中精彩的画面或情节，通过具体形象的描述、声情并茂的表述，激发学生的学习兴趣。

（四）故事诱导法

兴趣可以孕育愿望，可以滋生动力。在新课教学中，教师要利用学生喜闻乐见的故事，激发他们求知的欲望，引导他们在欢乐中学习。值得注意的是，故事应紧扣教学内容，宜短不宜长。故事可以是课文内容的一部分。用这样的方式导入新课，会使学生对学习课文产生迫切的愿望，充分调动学生学习的积极性。

（五）音乐导入法

音乐导入法是指借助与课文内容联系紧密的歌曲进行导入的方法。这种方法灵活多变，有利于调动学生情绪，帮助学生克服紧张心理，活跃课堂气氛。播放与本课有关的音乐导入新课还能激发学生的求知欲。

（六）名言引入法

名言警句是人类思想、语言艺术的集中体现。教师可以通过引用与课题相关的名言引导学生进入新课的学习。引用与新课题有关的名言名句导入新课，既渲染了课堂气氛，激发了学生的兴趣，又陶冶了学生的情操。

（七）释题引申导入法

释题引申导入法就是解释题目中关键性的字词并由此而推演、生发，引导学生学习课文。

（八）游戏导入法

首先，教师要把学生的注意力集中在游戏这一焦点上，在短时间内提高全班学生参与学习的积极性；其次，借助游戏，巧设悬念，先声夺人，拨动学生的心弦，使学生产生强烈的求知欲；最后，通过游戏后的提问，提醒学生学习课文的主要内容，使学生明确学习目标，提高自主参与性。

游戏导入法，对低年级学生特别有效果，更能集中小学生的注意力，再巧妙地转移到课文学习中。

（九）媒体导入法

随着科技的发展，多媒体的使用愈加广泛。教师在使用多媒体导入时需要注意以下几点：一是多媒体出现的时机要恰当；二是多媒体呈现的内容要与教学内容相适应；三是多媒体使用要适度，避免喧宾夺主。

除上述方法外，课堂导入的方法还有很多，但不论哪一种导入方法，都要短小精悍，以尽快进入主题。

二、课堂提问

语文课堂的提问艺术，是一项随语文教学活动发生就存在的教学技能艺术，这一领域的研究对语文教学有很强的现实意义。教师提问具有设疑、解疑和反馈的作用，能指明方向、承上启下、启发思维和调节气氛。因此，在教学过程中，提问成为联系师生思维活动的纽带、开启学生智慧之门的钥匙。课堂提问具有很强的技巧性。在全面推进素质教育的今天，探究与素质教育相适应的课堂提问艺术，促使全体学生全面、主动地发展，显得更加重要。

（一）课堂提问的类型

课堂提问可以由低到高地分为六个层次水平。

1.知识水平的提问

知识水平的提问能训练学生的记忆力和表达力，可以确定学生是否记住所学内容，如概念、意义、具体事实等。它所涉及的心理过程主要是回忆，常用的关键词包括是谁、什么是、哪里、何时等。这是最低层次、最低水平的提问。

2.理解水平的提问

理解水平的提问要求学生能用自己的话来叙述所学知识，比较知识和事件的异同，能把知识从一种形式转变为另一种形式。它可帮助学生感知、理解课文内容，整体把握课文大意。该类型提问常用的关键词是怎样理解、有何根据、为什么、怎么样、何以见得等。这是一种中等层次的提问。

3.应用水平的提问

应用水平的提问要求学生对问题进行分类、选择以确定正确答案。它能使学生把所学知识应用于某些问题，其心理过程主要是迁移。该类型提问常用的关键词是运用、分类、选择、举例等。这是一种较高层次的提问。

4.分析水平的提问

分析水平的提问要求学生运用批判思维，分析提供的资料，进行推论，确定原因，可用来分析知识的结构、因素，弄清事物的关系和前因后果。该类型提问常用的关键词是为什么、什么因素、证明、分析等。这是一种较高层次的提问。

5.综合水平的提问

综合水平的提问要求学生将所学知识以一种新的或创造性的方式组合起来，形成一种新的关系。该类型提问常用的关键词是综合、归纳、小结、重新组织等。这是一种高层次的提问。

6.评价水平的提问

评价水平的提问要求学生对一些观念、解决办法等进行判断选择，提出见解，作出评价等。它能帮助学生依据一定的标准来评判事物和材料的价值。该类型提问常用的关键词是判断、评价、对……有什么看法等。这是一种高层次的提问。

以上六种提问，对课文的教学以及学生思维各阶段的发展作用各不相同，因此教师应根据教学要求、学生学段、课文内容等因素，对不同类型的问题进行合理的设计、灵活的搭配。

（二）课堂提问的误区

在实际的语文课堂教学中，有些教师没有充分发挥课堂提问的作用，进入了误区。

（1）陷入空洞浮泛的误区，使学生茫然失措。问题貌似宏大，但抽象空洞，使学生茫然失措，导致提问后"冷场"和"卡壳"，达不到提问的目的。

（2）陷入形式主义的误区，使学生厌倦抗拒。有的教师为表现其改革精神，把课堂搞得分外热闹，但不讲求实效，这样的课堂提问只能使学生产生厌倦甚至抗拒心理，无助于认识的深化。

（3）陷入浮光掠影的误区，使学生浅尝辄止。有的问题很浅显，学生能不假思索地回答出来，一问一答，似乎体现了提问教学法，其实这样的发问不仅没有必要，反而有害，会导致学生不探究问题实质，浅尝辄止，长此以往，就会出现思维萎缩。

（4）陷入唯我独尊的误区，剥夺学生的逆向思维，打击学生学习的积极性。有的教师千方百计引导学生按照自己的思路来回答。如果学生的回答偏离了自己的思路，要么一声断喝，要么置之不理，严重打击了学生的积极性。

（三）提问的艺术

课堂提问是课堂教学中引导学生学习知识，发展思维、技能、情感等的重要手段。所以，每一位教师都应当精心设计每一个问题，做到恰如其分，提高课堂教学的质量。但是，提问不是课堂教学唯一的手段。现代教育思想强调学生的主动发展，因此提问的前提应当是学生充满兴趣、信心地自主学习，质疑解疑。教师不应当用提问来牵着学生的鼻子走。只有这样，才能培养高素质的人才。

提问的关键在于问什么和怎么问，讲究提问的艺术，自然就应该在问点和问法两个方面下功夫。

1.问点的选择

所谓问点，就是问题的切入点。针对任意一篇课文，都可以提出若干问题，但并不是所有问题都有价值，因此教师在教学设计过程中需要精心选择问点。综合以往经验，可将问点选择经验归纳为"五点十处"。"五点"即重点、难点、疑点、兴趣点、思维点。"十处"即关键处、空白处、疑难处、模糊处、含蓄处、矛盾处、变化处、重复处、对比处、延伸处。以下着重论述其中几种。

（1）关键处

关键处是指学习的重点、难点等极其重要的地方。在关键处设问能揭示重点，突破难点，直抵课文的核心。小学语文教材中的关键处是指不易理解或对理解课文内容、体会思想感情有着重要作用的字、词、句、段，尤指那些关键词、核心句。

（2）空白处

文本存在的空白可以丰富和拓展读者的想象，也可以作为课堂提问的突破口。在这里，空白处是指课文中某些没有写，或写得很简略，留给读者无限想象空间和思考余地的地方。在空白处巧妙设问，可以适时激发学生的想象力和思考力，通过填补空白让学生建构自己的意义。

（3）矛盾处

矛盾处是指课文中那些看似自相矛盾的地方。矛盾处也是学生容易产生疑惑的地方。在矛盾处设问，可以帮助学生理解课文，锻炼学生的思维，从而将思维深化，更加深入地理解课文。

（4）反复处

反复处是指课文中某些内容反复出现的地方。反复作为一种修辞手法，经常被用在诗歌和童话中。通过使用反复的手法可以积蓄人物情感，深入刻画形象，点明文章主旨。

另外，问点的设计还要注意以下几点：

①问点要突出教学重点。在教学重点处设疑能紧扣教学目标，使课堂不至于随意发散。

②问点要突破教学难点。教学难点是学生掌握知识、理解内容的障碍所在，抓住难点设问，能化难为易，让学生"跳一跳就能摘到桃子"。

③问点要有思维价值，能激发学生兴趣。如果所设问题过于简单，仅停留在简单的是非选择上，学生的思维能力就很难提高。此外，课堂常常在工具性和人文性两个端点游走，教师除了兼顾两者，还需要切切实实考虑学生的兴趣，将学生放在心中。

2.问题的表述

恰当有效的表述是指教师提问的语言要准确、清晰、明了，使学生能正确地理解教师提问的意图。有效的问题具有良好的结构，一般由三个要素构成：①引导性词干，如是什么、为什么、怎么样；②良好的认知操作，如回忆、描述、叙述、概述、比较、对照、分析、综合、总结、评价、推测、想象；③问题提出的内外情境，教师在提出或表述问题时应从课文的内在情境或外在方法层面给出提示，使学生获得一些解决问题的线索。三个要素放在一起，教师就可以构建出有效的初始问题。

第三节　课堂板书

板书是指教师根据教学的需要，在黑板上用文字、图形、线条、符号等再现和突出教学主要内容的活动。它又被称为教师的微型教案。

板书设计，是小学语文课堂教学的重要组成部分，是一种重要的教学手段。板书设计要力求简明实用、形象直观、构思精巧，以增强课堂教学的吸引力、启发性和感染力。

一、板书的作用

（一）集中学生注意力

板书能集中学生注意力主要有三个方面的原因：一是板书这种直观的教学手段，能发挥视觉优势；二是板书的内容和形式本身包含着许多美的因素；三是板书的书写过程是引导学生思索的过程。板书能够使课堂教学从单一的听觉刺激转向视觉刺激，视听结合，引导学生思路，避免由于单调的听觉刺激带来的疲倦和分心。

（二）理清课文思路

在阅读教学中，教师分析课文，特别是分析一些篇幅较长、情节较复杂的课文，光靠口头讲解是不够的。小学生不是听了后面忘了前面，就是想着前面顾不上听后面，常常因理不清头绪而茫然。板书正好可以弥补口头语言的不足，把复杂的或者抽象的内容直观地展示在黑板上，寥寥数行，却包括全篇，提纲挈领，以简驭繁。

（三）突破重点、难点

小学生抓重点、要点的能力比较弱。因此，在教学过程中，能否让学生抓住重点、要点就成了一个至关重要的问题。教师的口头强调，如"这是重点，大家要注意"等，往往效果不好。在讲述的同时，教师如果把重点内容中带有关键性的词语简明地写在黑板上，或者对重点段落进行单独分析，就会取得事半功倍之效。直观的板书最有利于学生突破难点。这种优势在识字教学、写字教学中尤为突出。

（四）增强学生记忆

板书的一个重要目的是帮助学生理解教学内容，记住教学内容。板书本身具有的直观性、概括性、条理性、启发性等特点为学生记忆提供了十分有利的条件。一篇并不算短的课文，在经过教师分析后，学生看看板书，读读课文很快就能背诵下来。

（五）发展学生思维

好的板书应当是流动的，它像一溪活水，在钻研教材的过程中，在对课文的主要内容、中心思想、叙述顺序逐步明晰的进程中，一点一滴汇集而成；在教学过程中，在引导学生理解课文的过程中，由局部到整体，由思想到内容，向前流淌。因此，好的板书不应是一潭死水，不应和盘托出，也不应是陆续出现但互不联系、没有生命的一堆词语。它不仅是课文的浓缩，而且是方法的训练、思维的训练。

好的板书还能体现出思维训练的步骤。低年级的板书不同于中年级的板书，中年级的板书与高年级的板书也有所区别。粗略地划分，低年级可以用罗列重点词语的内容式板书；中年级要用既有内容，又有内涵的板书；到了高年级，可以多用突出文章思路、有一定概括性的板书。由低年级到高年级，板书体现了由理解词、句、段到整篇课文，由理解课文内容到抓住中心思想再到理清叙述顺序，由着重发展形象思维到着重发展逻辑思维的训练步骤。

（六）启迪学习方法

教是为了不教，让学生掌握一篇文章的阅读方法、分析方法是十分必要的。到哪里去学呢？从教师的板书中学就是一条途径。教师的板书常常是抓住要点、重点，理清思路的范例，是边教边作的记录。如果教师善于引导，学生就能从板书形成过程中，学到自学的方法。

好的板书，不仅能帮助学生理解课文内容，而且能引导学生学习写作方法。板书沟通了学生读和写的桥梁，这对于提高学生的写作能力，具有不可低估的作用。

（七）提高审美能力

板书是一门艺术，无论是内容，还是形式，都包含着丰富的美的因素。如内容的简洁美、语言的精练美、构图的造型美、字体的端庄美、色彩的和谐美，都给学生以美的享受。一幅美的板书如同一道美丽的风景，令学生赏心悦目。

在板书形式的诸因素中,对学生影响最大的是文字的书写。有书法特长的教师,常常将书法美融入语文板书中,追求板书的字体风格与文章思想内容的协调、吻合,用不同的字体去表现课文的不同风格和情趣。对于课文中构成强烈对比的内容,也常用两种不同的字体和彩色笔书写,扩大反差,加深学生记忆。学生看看板书,读读课文,能够获得一种艺术享受。

美的板书不仅给学生以美的感染、美的熏陶,而且能唤起学生对美的追求和美的创造。不少学生跟着教师养成了严谨认真的学习态度和良好的书写习惯。

二、板书的类型

根据不同的分类标准,语文板书有各种各样的类型。下面对常用的类型加以说明。

(一)根据板书的作用分类

根据板书的作用分类,板书有主板书和副板书。

主板书,也叫基本板书、中心板书、要目板书,是体现教学目的与教学内容内在联系的重点、难点、中心和关键的板书,一般保留到课堂教学的结束。副板书,也叫附属板书、辅助板书、注释板书,是对主板书的具体补充或辅助说明,通常根据课堂教学需要和学生反馈随机出现,在教学过程中随时擦去或择要保留。

主、副板书位置的安排一般有两种。一种是把黑板分成左、中、右三部分,左右两边是副板书,中间是主板书。另一种是把黑板分成左右两部分,左边为主板书,右边为副板书。主板书应安排在黑板的主要位置,占据大部分的空间。

(二)根据板书表达的内容分类

根据板书表达的内容分类,板书主要有词语锤炼式板书、结构提纲式板书、故事情节式板书、人物形象式板书、说明程序式板书、综合式板书等。

词语锤炼式板书,是以体现课文中关键词语为主的板书。这种板书便于学生掌握字、词、句的基础知识和积累精当用词。

结构提纲式板书,是以揭示课文脉络结构为主的板书。这种板书提纲挈领,便于学生从总体上掌握课文的结构特点和脉络层次。

故事情节式板书，是以展示小说故事情节为主的板书。这种板书有利于学生清楚地了解故事梗概，理解课文内容。

人物形象式板书，是以展示人物性格特征为主的板书。这种板书能帮助学生掌握人物性格特征，理解作品通过人物所反映的主题思想。

说明程序式板书，是指体现说明文说明顺序的板书。这种板书便于学生对说明文说明顺序的掌握。

综合式板书，是指体现课文内容、结构、写法等各方面教学要点的板书。这种板书便于学生全面掌握课文内容。

（三）根据板书的形式分类

根据板书的形式分类，板书主要有并列式板书和从属式板书、演绎式板书和归纳式板书、对称式板书和偏正式板书、递进式板书和回环式板书、对比式板书和照应式板书等。

1.并列式板书和从属式板书

并列式板书是以条文形式出现的板书，其特点是条文之间呈并列关系，格式整齐，眉目清晰。文章结构形式属并列关系的常用此式板书。从属式板书是由总到分逐层展开的板书，其特点是能揭示主从类属关系，结构严谨。

2.演绎式板书和归纳式板书

演绎式板书是按照教材内容所含的演义推理过程而设计的板书，其特点是能显示各部分内容之间的逻辑关系，证明性和说服力强。归纳式板书是由分到总逐步归纳的板书，其特点是概括性强。

3.对称式板书和偏正式板书

对称式板书是对称地安排版面内容的板书，其特点是形式整齐，条理分明，易于记忆。偏正式板书是一侧书写主要内容，另一侧兼顾其他内容的板书，其特点是内容全面，主次分明，重点突出。如语文教师常在左侧书写课文结构提纲，右侧写生字新词。

4.递进式板书和回环式板书

递进式板书是逐层推进、逐步展示课文思想内容的板书，其特点是层次清晰，便于把握作者意图。回环式板书是采用回旋和循环的形式揭示课文内容间关系的板书，其特点是化抽象为形象，直观易懂，哲理性强。

5.对比式板书和照应式板书

对比式板书是以正反对比的形式呈现教材内容的板书，其特点是对比强烈，能突出课文中心，加深学生对课文的理解。照应式板书是以前后照应的形式烘托教材中心的板书，其特点是能揭示课文内容的联系，加深学生对思想内容和写作方法的领会。

（四）根据板书呈现的手段分类

根据板书呈现的手段分类，板书主要有纯文字式板书、表解式板书、表格式板书、图示式板书等。

纯文字式板书是指只用文字或数字的板书。

表解式板书是指用文字再辅之以一些符号和几何图形的板书。

表格式板书是指用列表格的方式再现教学内容的板书。

图示式板书是指除用文字外，综合运用线条（直线、曲线、折线）、符号（标点符号、运算符号）、图形（圆形、三角形、椭圆形）、实物造型等构件设计的板书。

三、板书的要求

板书的格式多种多样，但不论教师采取哪一种形式都必须做到以下几点。

（一）内容确切，外形规范

板书的内容要重点突出，详略有别，确切，层次分明。板书的外形要规范，大小适当，工整醒目，严防模糊潦草，杂乱无章。

（二）布局合理，新颖别致

板书的布局要讲究格式，合理而清楚地分布在黑板上，使学生易于观察和理解。教师不能只用一个模式的板书，要注意新颖别致，以集中学生的注意力，引起学生的兴趣，激发学生学习的积极性，获得最佳的教学效果。

（三）讲解与板书、板图相结合

在课堂教学中，教师既要精讲重点，又要展示变化多样的板书与板图，图文并茂。

板书与板图的有机结合，更能加深学生对所学知识的理解，提高教学效率。

第四节　说课

一、说课的定义

说课是一种新兴的教研形式，指执教者在特定的场合，在精心备课的基础上，面对同行或教研人员讲述某节课（或某单元的教学设想及其理论依据），然后听者评议、说者答辩、互相切磋，从而使教学设计趋于完善的一种教研活动。

二、说课的类型

按不同的分类标准，说课可细分为以下几种类型：
①按教学的先后顺序分类，说课可分为课前说课与课后说课；
②按改进和优化课堂教学设计分类，说课可分为预测型说课和反思型说课；
③从教学业务评比角度分类，说课可分为评比型说课和非评比型说课；
④从教学研究角度分类，说课可分为专题型说课和示范型说课；
⑤从说课主体角度分类，说课可分为纸案辅助说课和PPT辅助说课。

三、说课的基本内容

备好课是说课的前提，而说课者必须站在理论的高度对备课作出科学的分析和解释，从而证明自己的备课是有序的而不是盲目的，是理性的而不是感性的。

（一）说教材

说教材也是分析教材。任何一门课程的教材，从知识内容到编排形式，都会构成一个系统。教师要说出对教材的整体把握，就需要明确本课题或章节内容在整个学段和年级的教材系统中所处的位置及其作用。只有明确了这一点，教师才能在教学中重视前后知识的内在联系，准确地认定教材的重点和难点，从而提高课堂教学效率。

此外，教师还要说出本课题或章节内容的教学目标，因为其体现着教学的方向，预示着教学应达到的目的。确定教学目标的依据，一是课堂标准的规定，二是单元章节的要求，三是课时教学的任务，四是教学对象的实际。教师要把这四点结合在一起通盘考虑，来确定教学的起点和重点。

另外，在以上常规内容基础上，教师还可以增添个人的思维亮点，如对教材内容的重新组合、调整，以及对教材另类处理的设计思路。

（二）说教学目标

教师要从三个维度说清课题或课时教学目标。如果有 PPT 辅助，便不必逐条读出，可用自己的话对教学目标进行概述、强化。对于主要教学目标确定的缘由，教师也可简单说明。

（三）说教学重难点

教学重难点是说课者与听者交流的主要问题。在这一环节，教师要注意将重难点确立的缘由和将要采取的解决措施进行大致说明。

（四）说教法

教学方法的选择、教学手段的运用，直接关系到教学质量的提高。说教法可以理解为说教学方法，或者教学方法中某个具体的教学方式和手段的选择及应用。

例如，为完成教学任务所采用的课堂教学模式及其理论依据；为突出重点、突破难点采用的手段和理由；为处理某个习题所采用的策略和措施等。选择何种教学方法，关键在于教师对教材特点和学生认知规律的把握。

有些教师为上课制作了教具、多媒体课件等，在说课过程中，可以向大家简明扼要地说清它们的使用目的和作用。

（五）说学法

说学法不能停留在介绍学习方法这一层面上，要把主要精力放在解说如何实施学法指导上。要说好学法，首先，教师必须深入研究学生，处理好课堂教学中的师生关系，重新摆好师生的位置，改变传统的师者在讲台上滔滔不绝，学生在下面目不斜视的教学模式。其次，教师要注重对某方法指导过程的阐述，如说明是通过怎样的情景设计，让学生在怎样的活动中，养成哪些良好的学习习惯，领悟出何种科学的学习方法等。

（六）说教学程序

教学程序的基本内涵是课堂结构，从教师的整个说课过程来讲，教学程序应该是精华、高潮所在。课堂结构要有过渡自然的教学环节，有清晰的教学思路，有一脉相承的线索，有逐步推进的层次。说教学程序要说清楚教师突破教学难点的主要环节设计，说清楚化解教学难点的具体步骤，说清楚师生双边活动的具体安排及学习依据，说清楚课题的板书设计和设计意图，说清楚课后作业的布置和训练意图。

（七）说板书设计

板书是听者了解说课者的教学思路、理解教材深浅程度和估计教学效果的可视语言。板书呈现可采用以下几种方式：

（1）先说课后板书，即先将课说完，再一次性地展示板书。优点在于节约时间，时间有限的情况下可采取这种方式。

（2）边说课边板书，即说课过程与板书过程同步。优点在于最大限度地呈现课堂教学的实施情况，让听者深入理解设计意图。

（3）先板书后说课，即在说课前，先把板书完整呈现出来，在说课过程中相继说明和利用。优点是能对说课者起提示作用，缺点是会令听者感到有些突兀。

（4）先板书部分，再边说边完善板书。可用在板书内容多，或有图、箭头、线条的板书设计中。

四、说课的原则

按照现代教学观和方法论，成功的说课必须遵循如下几条原则。

（一）说理精辟，突出理论性

说课不是宣讲教案，不是浓缩课堂教学过程。说课的核心在于说理，在于说清为什么这样教。没有理论指导的教学实践，只知道做什么，不了解为什么这样做，永远是经验型的教学，只能是高耗低效的。因此，执教者必须认真学习教育教学理论，主动接受教育教学改革的新信息、新成果，并运用到课堂教学之中。

（二）客观真实，具有可操作性

说课的内容必须客观真实、科学合理，不能故弄玄虚、故作艰深，不能生搬硬套一些教育教学理论的专业术语，要真实地反映自己是怎样做的，为什么这样做。哪怕是不科学、不完整的做法和想法，也要如实地说出来，以引起听者的思考，通过相互切磋，形成共识，进而完善说者的教学设计。

说课是为课堂教学实践服务的，说课中的一招一式，每一环节都应具有可操作性。如果仅仅是为说课而说，不能在实际的教学中落实，那就成了纸上谈兵。

（三）不拘形式，具有灵活性

说课可以针对某一节课的内容进行，也可以围绕某一单元、某一章节展开；可以同时说出目标的确定、教法的选择、学法的指导、教学程序的全部内容，也可以只说其中的一项内容，还可以只说某一概念的引出，或某一规律的得出，或某个技能的使用，等等。说课要做到说主不说次，说大不说小，说精不说粗，说难不说易，要坚持有话则长、无话则短、不拘形式、自由研讨的原则，防止教条式的倾向。同时，教师在说课中要体现教学设计的特色，展示自己的教学特长。

第三章　小学语文有效教学策略

第一节　小学语文识字与写字教学

识字与写字教学，包括汉语拼音教学、识字教学和写字教学三部分。学生生理、心理以及语言能力的发展具有阶段性特征，不同内容的教学也有各自的规律，教师应该根据不同学段学生的特点和不同的教学内容，采取合适的教学策略。

一、汉语拼音的教学策略

（一）在优美情境中学习拼音

现在的汉语拼音教材，几乎每课都把学生所要学的零散的拼音内容有效地整合成接近学生生活的情趣盎然的情境图，所配插图大都既提示字母的音，又提示字母的形，不但在视觉上给学生以愉悦的感受，而且在内容上体现了生活的美好，体现了积极向上的人生态度。在教学时，许多教师都能恰当地运用教材，充分发挥教材的优势。例如，有的教师在教学时，先是利用情境图引出要学习的 ang、eng、ing 和 ong 四个后鼻韵母，在学生充分认读之后，又利用表音表义图加强学生对后鼻韵母的识记，并进一步利用语境歌巩固学生的认读效果。这样的设计，巧妙灵活地运用了教材中创设的"两境"，为拼音教学服务。儿童是用形象、色彩、声音来思维的。情景的创设，使拼音课堂教学妙趣横生，学生在优美的情境中，展开想象的翅膀，在不知不觉中主动学习拼音。

（二）在生活语境中学习拼音

首先，教师要有意识地把学生从生活中获得的经验转化为学习新知识的基础，巧妙地在学生已有的生活经验与学习对象之间建立起新的联系。例如，在教读单韵母时，有的教师出示翘着尾巴、吐着泡泡的大红鲤鱼幻灯片，让学生观察图形与字形、图意与读音之间的相似处，学生借助他们原有的对鱼的生活认知，很容易就认识并掌握了单韵母ü。其次，学生学习汉语拼音，是一个从语言实践中来，又回到语言实践中去的过程，所以拼音教学不仅要利用学生熟悉的生活环境，激活学生的生活经验，还要多组织与学生的生活世界紧密联系的语言活动，鼓励学生将所学的汉语拼音运用于实际生活中。教师要充分利用一切的学习资源和实践机会，让学生在生活中学，在生活中巩固。例如，在教具体音节时，教师可以从学生身边的生活事例入手，从学生最熟悉的口语入手，从学生接触的生活物品入手，引导学生从中提炼出对拼音符号的认同与理解，并进一步让学生联想生活中与此音节相同的其他语词，还可以引导学生把学过的拼音制成标签，贴在自己的学习用品及生活用品上。

（三）在快乐的游戏中学习拼音

游戏是儿童的天性，也是儿童快乐的源泉。把汉语拼音的学习和游戏有机地结合起来，使学生在游戏中学，在活动中学，能有效地激发学生学习的兴趣，吸引学生的注意力，收到良好的教学效果。在拼音教学中，教师可以利用各种有趣的形式，创设生动活泼的学习情境，吸引学生主动参与、互动学习。如编儿歌、找朋友、摘果子、猜猜看、摆字母、讲故事、打拼音牌、做拼音操、开火车等，都是拼音教学中教师常用的学生喜欢的游戏形式。游戏的过程，其实就是学生进行大量的语言活动和肢体活动的过程。在这一过程中，学生不仅能主动、轻松地掌握拼音知识，还能发展语言能力和思维能力，激发想象力和创造潜能，并在学习中获得快乐的情感体验。

二、识字的教学策略

（一）形、音、义结合，以字形教学为重点

识字教学包括字形教学、字音教学和字义教学。识字教学要使学生把汉字的形、音、

义三个基本因素紧密地结合起来，互相沟通，最终达到会读、会解、会写和会用的程度。汉字是记录汉语的符号系统，是形、音、义的统一体。识字教学应该根据汉字的特点，贯彻形、音、义结合的原则，使学生读准字音，认清字形，了解字义，从而获得对一个字的完整认识。

相对于字的音和义来说，字形是学生学习的新因素，是他们经验中所缺少的。字形的掌握比字音、字义的掌握要困难得多。有实验证明，在巩固生字的检查中，学生字形错的频率往往要比字音错、字义错的频率高得多。可见，字形是识字教学的关键，也是识字教学的难点。应该强调的是，字形学习不是孤立的。识字教学应该充分利用学生生活经验中已有的音、义联系，与字形建立新的统一体。当然，如果生字的字义比较抽象或是学生不熟悉的，则要先帮助学生建立新的音、义联系，然后在此基础上与字形建立统一的联系。

（二）利用汉字规律，引导学生认识汉字的魅力

汉字是表意文字。在教学过程中，教师可以充分利用汉字的表意功能、汉字的结构、汉字的造字原理，适当渗透相关的字理知识或其中蕴含的文化信息，让学生在不知不觉中感受汉字的优美，发现汉字的特点和规律，从而有效激发他们主动识字的愿望，培养他们独立识字的能力。例如，有的教师在教学人教版语文一年级上册的《日月水火》一课时，巧妙地利用汉字的造字原理，引导学生依据象形字的造字特征，联想生活经验，使学生很快便掌握了兔、羊、竹、木、鸟等字的字形识记方法，使独体字的学习过程形象化和趣味化。教师要以文化的视野站在更高的境界去认识识字教学的意义，在教学内容的选择中，树立文化渗透的意识，充分利用汉字规律，引导学生认识汉字的优美。

（三）运用多元识字法，激发学生的识字兴趣和潜能

每一种具体的识字方法都各具特色、各有所长，不可能是全能的，所以教师在教学中应当取长补短。就汉字的属性而言，注音识字强调字形与口语的关联，字理识字则强调利用汉字形义统一的原则；就汉字的习得阶段而言，韵语识字适用于识字的初期集中积累阶段，分散识字则更适用于识字的中后期积累运用阶段等。在教学中，教师要根据不同的教学阶段和汉字的不同属性，选择不同的识字方法、教学策略。教学方法与教学策略的多元化，既可以灵活应对汉字自身的复杂性，也可以有效适应不同阶段的汉字习得要求。在教学中，教师应该尽量用汉字自身的构形原理及其形、音、义统一的科学规

律来调动学生的观察力、想象力、联想力和思考力，从而有效激发学生学习汉字的兴趣，开发他们的各种识字潜能。

（四）创设良好的识字语境，培养学生独立识字的能力

识字教学不仅要注意抓住汉字自身的规律，选择恰当的教学内容，还要注意学生的特点，将学生熟知的语言因素作为主要材料，结合学生的生活经验，引导他们利用各种机会主动识字，力求识用结合。因此，教师在教学中要抓住学生认读汉字的规律，为学生创设识字情境，让学生在生动具体的生活情境和识字语境中，主动识字、用字。在教学中，教师还要特别注意学生独立识字能力的培养。教师可以先示范学习一个生字，概括出学习方法，再引导学生用自己喜欢的习惯和方法，识记其他生字。在自主学习的过程中，学生能够充分发挥个人的识字潜能和创造力。

在教学中，教师要深入理解教材的编写意图，开阔教学视野，整合学生生活中的课程资源，把识字与生活联系起来，与阅读联系起来，为学生创设生动活泼的生活场景，让他们在愉悦的识字空间中调动自己的生活积累，学会运用各种途径和方法主动识字、准确用字。

三、写字教学的策略

教师要重视对学生写字姿势的指导，引导学生掌握基本的书写技能，养成良好的写字习惯。扎扎实实地抓姿势、抓习惯、抓技能，是写好字的关键。

（一）形成正确的写字姿势

小学低年级阶段是形成正确的写字姿势和良好的写字习惯的关键期。正确的写字姿势，不仅有利于提高书写的质量，还有利于儿童身体的健康发育。正确的写字姿势包括正确的执笔方法和正确的坐姿。以往要求写字要做到一拳、一尺、一寸，后有实验认为"三个一"不够科学，正确的写字姿势应该是眼睛距离书本 15～20 厘米，指尖距离笔尖 1.5～2 厘米，胸距离桌面大约一拳。在教学中，学生的写字姿势以端正平稳、自然舒展、不紧张、不局促为宜。

根据低年级学生的年龄特点，教师在指导学生形成正确的写字姿势时，要适当地采

用直观形象的方法，如图片展示法。低年级的学生对语言的理解感知能力相对较弱，因此让学生通过图片直观地比较正确的书写姿势和不正确的书写姿势，或借图片告知学生书写及保管文具的过程，可以收到很好的效果。此外，教师还可以用行为示范的方式。小学生的模仿能力很强，教师的书写姿势对学生来说是最好的示范。教师也可以让写字姿势良好的学生示范，让学生间相互影响。

（二）掌握规范的书写技能

写字教学的核心内容是培养学生的汉字书写能力，要求学生能够用硬笔书写楷书，做到规范、端正、整洁、美观，并且有一定书写速度的要求。掌握规范的书写技能，是保证写字质量的关键，也是写字教学的核心内容。书写技能包括正确掌握执笔方法、运笔方法；掌握汉字的基本笔画和常用的偏旁部首，准确地把握笔顺规则和字的间架结构；熟练掌握田字格和米字格练习，描红、仿影和临帖练习，正楷和行楷练习等汉字书写的练习方式。在教学中，教师要采用各种方法和手段，帮助学生形成规范的书写技能。例如，有的教师在指导学生写十、木、禾这三个字时，抓住了这三个字的字形关联性，采用了讲解、书空和范写等方式。首先，让学生掌握横、竖、撇、捺这四种笔画的起笔、运笔和收笔的书写技巧。其次，让学生牢记"先横后竖，先撇后捺"的笔顺规则，并书空笔顺。最后，在田字格中，指导学生掌握十、木、禾的间架结构。学生在了解了基本的写字要领之后，开始规范练习整字书写。整个教学以学生的书写训练为主，在训练过程中，辅以写字要领的知识指导和行为示范。写字训练要循序渐进，写字指导要扎实到位。

知识是形成技能的基础。教师应该结合识字教学，讲清汉字的基本知识，让学生掌握笔画技巧、笔顺技巧和间架结构技巧，了解每个字各组成部分的位置及比例关系。然后，教师要借助行为示范，让学生模仿学习基本的书写技巧。教师的示范具有直观性和表象性，容易在学生头脑中形成可参照的形象。有研究表明，教师正确的写字动作技能演示，有助于学生书写技能的形成。运笔的过程往往很难用语言道清其中的微妙，教师可以采用局部特写的方法进行分解示范，使学生清楚、直观地感受书写的过程，进而模仿学习，然后再依靠训练，让学生形成扎实的写字基本功。

书写是人的大脑、手臂、手腕和手指联合协调的活动。书写技能的形成，离不开自身的实践训练。教师可以结合识字教学，指导学生做书写练习。书写是帮助学生巩固识字、学习写字的有效手段。在教学中，教师可以要求学生按照生字的笔顺，唱读笔画名称,并用食指在空中模拟书写,然后读出字音,说出字义。这样既可以使生字的形、音、义紧密结合起来,又可以使学生的口、耳、眼、手协调活动,有助于其集中注意力。

(三)养成良好的写字习惯

良好的写字习惯,是学生写好字的基本保障。习惯的形成是一个长期坚持的过程,需要从严、从实、从点滴抓起。良好的写字习惯,除了正确的执笔习惯和正确的写字姿势外,还包括正确的书写习惯,要有"提笔即练"的意识。这要求教师在日常的教学中,不仅要训练学生扎实的书写技能,还要时时巡视,时时提醒,及时发现和纠正学生错误的写字习惯,不断强化和巩固学生良好的写字习惯。此外,教师还可以制订合理、有效的监督评价机制,并让其他科任教师、家长和学生共同参与监督,齐抓共管,真正做到"提笔就是练字",为写好规范汉字扎根固本。

第二节　小学语文阅读与写作教学

一、小学语文阅读教学

阅读对于学生语文素养的形成和发展,有着十分重要的作用。阅读是一个复杂的心智活动过程。它借助阅读文本中具有客观意义的文字符号,通过感知、思维、联想和想象等多种心理活动,将阅读主体头脑中储存的思想材料与读物之间的内容建立起联系,通过创造性的思考,来获得阅读文本的意义。阅读可以丰富一个人的人生,可以涵养一个民族的精神气质,可以铸就一个国家的文化根基。随着科学文化的快速发展,人的阅读领域越来越宽广,阅读的地位越来越重要,对阅读的要求也越来越高。阅读教学是以培养学生阅读能力为核心目标的一种教学活动,是中小学语文教育的重要组成部分。阅读教学是构建学生语文能力的重要基础,是教会学生感知、理解、吸收和表达信息的重要途径,所以阅读教学一直是语文教育的重要内容。

（一）阅读教学的基本理念

1.注重文本语言的品位

语文教学要引导学生探究文本的内容和作者的思想感情等，但文本的内容和作者的情感都是借助语言来表现的。因此，在探究内容和情感的同时，学生必须咀嚼和推敲语言，品味语言，并由此获得独特的体验。

语文教学的根本任务就是引导学生学习语言，指导学生掌握语言技巧，发展学生的语言表达能力。语言学习的重点就是感受语言、揣摩语言和品味语言。因此，以课文为载体进行语言学习的阅读教学，应该给学生充分感受语言的时间和空间，让学生在感受中去积累，在积累中去领悟，在领悟后去运用。教师必须重视引导学生在一定的语境中理解词语，品评词语，感悟语言的魅力，揣摩文章的表达顺序，领悟文章的表达方式，透过语言文字的表层去体会语文的人文精神，理解语言文字中蕴涵的人文特征等。尤其是抓住具有张力的字、词、句，深入领悟其中的丰富内涵，既有助于学生对语言的理解和积累，使学生形成良好的语感，提高学生对语言的敏感度，又有助于学生的思维训练，培养学生良好的阅读习惯和方法。

对于课文讲解，教师必须改变把注意力只放在思想内容和写作意图分析上的做法，把关注点更多地放在学习语言的表达形式上，将教学的重点放在对课文语言表达的咀嚼和品味上，进而探讨作者为什么这样写以及写得怎么样的问题。

2.重视对文本的整体把握

每篇课文都以其独特的异质成为各自独立的个体，它是完整而不可分割的。因此，课文是由知识、思维、情感和审美等各方面教育内容组成的综合体。而上述各方面的教育内容体现在每篇文章的字、词、句、段中。字、词、句、段都可以是不同层面的整体，同时又是文章的组成部分。阅读必须以整体把握文本的内容为前提。对文本的基本内容、情感和立意，学生应该先有整体的印象，在这个前提之下，才谈得上理清作者的思路，概括课文的要点，理解作者的思想、观点和感情。阅读教学必须尊重阅读规律，尊重文本的整体性，重视文本的结构效应，重视对文本的整体把握。阅读教学应通过对文本不同层面的分析与理解，达到整体把握文本的目标。

在阅读教学的过程中，教师应指导学生先通读全文，经过思索，对文章有了整体感受后，再深入分析，理清各部分内容之间的联系。具体内容主要包括理解文章标题，提取基本要素，概括主要内容，归纳中心思想，以及理清思路、线索、层次、结构等。教师应避免让学生对课文的理解仅停留于对文章的部分内容和语言的把握上，而缺乏对课文的整体把握和深层领悟。

整体把握文本，还要求学生在阅读作品时，做到"知人论世"，关注作品背后的知识。尤其是对于文学作品来说，作家本人的生活思想与时代背景有着极为密切的关系，因而只有知其人、论其世，即了解作者的生活思想和写作的时代背景，才能客观、正确地理解和把握文学作品的思想内容。学生对作品创作的时代背景和作者经历了解得越透彻，对作品的感悟就越深入。教师若简明扼要地介绍作者创作的时代背景，对学生理解作品的思想感情将会很有帮助。

3.关注阅读教学中的多种对话关系

现代对话理论认为，作者与读者的关系，就其本质而言，体现了人与人之间的精神联系，阅读行为也就意味着在人与人之间确立了一种对话和交流的关系。这种对话和交流是双向、互动、互为依存条件的，阅读因此成为思维碰撞和心灵交流的动态过程。读者的阅读，尤其是阅读文学作品的过程，正是一种共同参与，以至共同创造的过程。所以读者绝对不是消极被动的，读者也是文学活动的主体。

作为阅读教学过程的施教者、学习者，教师和学生同是文本的阅读者，这样就形成了"学生—文本—作者"之间的对话关系和"教师—文本—作者"之间的对话关系。在阅读中，教师与学生产生的主体感受是不同的。不同的学生阅读相同的文章，所得的信息也是不同的。阅读教学是一种教学行为，具有师生双边互动的特点。教师与学生之间不是一种灌输与被灌输的关系，而是一种平等多向交流的关系。在这个过程中，教师与学生面对作品平等交流、积极探讨，心灵的交流和智慧的碰撞可能迸发出灵感的火花。此外，文本编入教材，有编者的编辑意图。教师和学生在阅读教材中的文本时，要理解、感受编者的思想和编辑意图，实际上也就形成了"教师—文本—编者"的对话关系和"学生—文本—编者"的对话关系。

阅读教学过程中的多重对话关系，强调教师和学生的自主性、独立性。教师要重视学生在阅读过程中的自行发现和自行构建，鼓励学生对阅读内容作出有个性的反应，重视师生之间和生生之间的沟通交流。

阅读教学过程中的多重对话关系，要求师生角色和教师作用的定位要准确。教师是课堂阅读活动的组织者、学生阅读的促进者，也是阅读中的对话者。一般来说，教师作为文本与学生之间的中介，他的思想深度、文化水准、人生经验和审美水平都要高于学生，可以起到向导的作用，但绝对不能取代学生在阅读中的主体地位。此外，课堂阅读教学在一个集体中实施，与完全个人化的阅读毕竟不同，这里还有学生与学生之间的对话,因此营造良好的课堂氛围也十分重要。在一个刻板、呆滞的课堂氛围中,富有活力和创意的对话是难以实现的,轻松、活跃、和谐的环境气氛更有利于激活学生的思维和想象力。

4.尊重学生的阅读主体性

阅读是学生的个性化行为,不应以教师的分析来代替学生的阅读实践,应让学生在主动积极的思维和情感活动中,加深理解和体验,有所感悟和思考,受到情感熏陶,获得思想启迪,享受审美乐趣。教师要珍视学生的独特感受、体验和理解。教师应加强对学生阅读的指导和点拨,但不应以模式化教学代替学生的体验和思考,要善于通过合作学习解决阅读中的问题,但也要防止用集体讨论来代替个人阅读。

语文课程中具有大量具体形象的、带有个人情感和主观色彩的内容。教师要重视学生的独特感受和体验,关注学生的学习经验和学习体验;要将学生作为学习和发展的主体,充分发挥学生的自主性、主动性和创造性,鼓励学生对阅读内容做出有个性的反应,如对文本中自己特别喜爱的部分作出反应,提出自己认为特别重要的问题,将自己的阅读感受与作者的意图进行比较,为文本的内容和表达另做设计等。在阅读文学作品时,不要刻意追求标准答案。在阅读中,学生并不是消极地接受和索取,而是积极主动地发现、建构,甚至创造。

教师要逐步培养学生探究性阅读和创造性阅读的能力,提倡多角度的、有创意的阅读,利用阅读期待、阅读反思和批判等环节,拓展思维空间,提高阅读质量。阅读期待,是指一种接受者在阅读文学作品之前,就已经存在的心理期待结构,是由读者已有的阅读经验构成的主观知识经验系统。期待视野下的阅读,不是阅读者机械地接纳文本,而是读者运用自己的联想、想象和创造,去丰富、补充文本意义的空白。因此,作品的意义并非文本产生于作家手下就凝固了的,而是由读者逐步发掘出来的。在阅读教学中,关注学生的阅读期待,首先要关注学生的生活经历和体验,其次要关注学生的阅读审美经验,最后要关注学生的个性特征和认知水平。总之,在阅读教学中,教师要激活学生与文本相关的生活经验。根据学生的阅读经验和审美经验,呈现阅读内容,安排教学过程。

5.注意随文讲解语文基础知识

语文知识教学是语文课程性质的体现,是语文教学不可缺少的内容。教学实践证明,在学生学习语文的过程中,给以必要的语文知识,尤其是那些关键的知识作为理论指导,能使学生掌握规律,获得要领,融会贯通,举一反三,为学生语文能力的可持续发展打下基础。在阅读教学中，引导学生随文学习必要的语文基础知识，既能帮助学生理解课文，又能提高语文知识传授的有效性。但语文知识教学服务于语文能力、语文素养的培养和提高，处于从属地位。

语文知识是一个集合概念，它的范围很广泛，内容很丰富，包括文艺理论知识、文学史知识、语法学知识、修辞学知识、训诂学知识、文章学知识、语言学知识、写作学知识、文化史知识等。语文知识教学的内容与语文知识的内容既有联系又有区别。语文知识教学的内容专指学生在校学习语文的过程中，必须把握的、基础性的语文知识。概括来说，基础阶段的语文知识教学的基本内容主要包括汉字知识、汉语拼音、语法修辞知识、文体知识、文学常识、实用文章的基本表达方式、听说读写的基本知识、常用语文工具书的使用等。

语文知识的教学主要应结合听、说、读、写实践进行，做到精要、好懂、有用。精要、好懂、有用，是语文知识教学一贯以来的要求。精要，是对教学内容方面的要求，指在确定每类语文知识时，要精选既能体现该类知识内在规律，又能切合学生实际需要的基本知识，并通过精选的课文将其表现在其中。好懂，是教学方法方面的要求，指语言表述既要通俗易懂，深入浅出，还要努力联系实际，做到直观有趣。有用，是教学目标方面的要求，指语文知识不仅能解释语文现象，更重要的是能直接用于语文实践，有助于提高学生的语文素养。

（二）不同文体的阅读教学策略

1.记叙文教学

记叙文是以记人叙事为主要内容，以叙述和描写为主要手法，兼用抒情、议论等表达方式，通过对具体、真实的人和事的叙述来反映生活、表达思想感情的文体。根据记叙文的特点，记叙文教学应着眼于对记叙文知识的随文讲解和记叙能力的训练，提高学生阅读和写作记叙文的能力。在教学过程中，教师应渗透对学生的思想道德教育、情感教育和审美教育。记叙文教学的要点，包括以下五个方面的内容。

（1）把握记叙文的要素

记叙文以写人和记事为主要内容，以记叙和描写为主要表达方式，由时间、地点、事件（起因、经过、结果）和人物等要素构成。在教学时，教师应该指导学生把握记叙文的基本要素。通过这些基本要素，学生能够从总体把握事件的全貌。在记叙文的构成要素中，人和事是最基本的要素。就其关系来讲，时间和地点是人物和事件存在的形式，原因和结果是人物和事件发展的必然。因此，要使学生理解记叙文的思想内容，发现包含在事件当中和人物身上的思想感情，就应当指导学生着重理解人和事件，理解作者对这些人和事的态度、情感。

在记叙文中，人物和事件往往是很难分开的。人物，是某个事件当中的人物；事件，必然和某个或某些具体的人物联系在一起，是人物经历的事件。事件是人物活动的轨迹，通过具体事件来反映人物的性格和精神，是记叙文写作的基本方法。而从分析事件中认识人物，则是记叙文教学中研究人物形象的基本途径。比较复杂的事件往往涉及许多人和事，教师要注意指导学生抓住有代表性的人和事。

研究记叙文的事件，不能不加以区别地对待文章所写的事件及其各个阶段，而要抓住重点，特别是具有典型意义的片段，要对其进行深入细致的分析、思考，透过现象看本质，揭示其深层的含义，以便概括文章的主题。研究记叙文的人物，还应该研究记叙文表现人物的方法。对人物进行直接描写，是记叙文写人的主要手段。而通过环境描写等方式侧面烘托人物的形象，也是记叙文表现人物的重要方法。从记叙文对人物的直接或间接描写中，认识记叙文的人物，是记叙文教学中研究人物形象的又一主要途径。

（2）分析记叙文材料的选择

在记叙文中，作者根据文章表达的需要，对占有的材料进行严格的筛选，对记叙的内容作出精心的安排，使其详略得当，点面结合，主次分明。在教学中，教师要分析材料和主题的关系，帮助学生领会作者围绕中心选择和组织材料的匠心，使学生懂得如何选择感情的聚焦点来反映生活，表达感情。

（3）分析记叙文的结构

对记叙文结构的分析，主要体现在研究全文各个段落之间的联系以及各段落对主题的表达作用上。探究记叙文的结构，要从把握记叙的线索，理解文章的开头、结尾、过渡和照应两个方面入手。因为如果抓住了统领全文的线索，文章材料之间的关系就明朗了，文章的层次也就清楚了；只有理解了文章的开头、结尾、过渡和照应，才能够把握文章的内部联系，更好地理解文章内容。有些文章的段落或内容之间的照应关系，是用较为含蓄的句子或词语来表达的。对于这样的句子或词语，在教学时，教师应引导学生用心揣摩、细心体味，加深学生对文章的理解和感受。

（4）分析记叙文的表达方式

记叙文的主要表达方式是叙述和描写，但为了表达的需要，议论和抒情也是记叙文经常用到的表达方式。记叙文中的叙述和描写，往往是相辅相成的。记叙用以交代生活事件，描写用以形象生动地再现生活画面。记叙文中的议论和抒情，一般所占篇幅不大，却是记叙描写的重要辅助手段。一是能够突出事件的本质意义和人物性格的典型意义，渲染、深化文章主题，增强文章的艺术感染力。二是能够将发生在不同时间和空间，不同人物身上的事件联系起来，反映共同的主题。在教学时，教师要引导学生结合具体语境，明确综合运用多种表达方式的具体表达作用，引导学生体会叙述描写中渗透的作者感情，使学生在情景交融的内容学习中受到熏陶感染，提升人生境界。

（5）学习记叙文的语言

记叙文多从现实生活中选取材料，写的是真人真事。因而，记叙文的语言以朴素无华为主要特征，同时又具有丰富多彩的特点。在语言上，记叙文讲究准确、鲜明、生动和形象。在教学时，引导学生品味作者在遣词造句上的特色，揣摩语言的丰富内涵，对丰富学生的语言积累、培养学生语感、帮助学生理解文章的思想内容具有重要作用。学习记叙文的语言，尤其是要抓住关键字和词句，引导学生深入领悟，因为这些语句对于理解事件的本质和人物形象，往往能起到比较关键的作用。

2.说明文教学

说明文是以解说事物、阐明事理为基本内容，以说明为主要表达方式的一种文体，它以向人们介绍知识为目的。与其他文体相比，知识性和客观性是其最显著的特点，作者的主观成分和感情因素的渗透相对较少。说明文教学要使学生了解说明文的内容表述和结构等，培养学生热爱科学、勇于探索的精神。说明文教学的要点，包括以下四个方面的内容。

（1）明确说明对象的特征

说明文说明事物或阐明事理，最重要的是抓住说明对象的特征，并用恰当的方式和方法表述出来。只有准确、清楚地表述出说明对象的本质特征，才能使读者了解说明对象，从而留下深刻的印象。引导学生明确说明对象的特征，也就成了说明文教学中必不可少的环节。在此基础上，一方面，教师要指导学生通过明确事物的特征来把握说明文的主要内容；另一方面，学生要懂得在观察事物或表现事物时抓住事物的特征。

（2）理清说明的顺序

说明文要将事物或事理说明清楚，首先得考虑如何安排合理的说明顺序。说明的顺序，是根据事物的内部规律以及人们认识事物的过程来安排的。指导学生了解说明顺序，有助于学生理清文章脉络，对学生的思维训练也是很有益的。

说明的顺序主要有三种。一是时间顺序，记叙性的说明文往往采用这种说明顺序。

二是空间顺序,介绍建筑物等各种具体物品的说明文大多采用这种顺序。三是逻辑顺序,阐释性的说明文大多采用这种说明顺序。需要指出的是,由于说明对象的复杂性,一篇说明文用一种说明顺序,往往难以将它的特征说明清楚,所以大多数说明文都用了不止一种说明顺序。因此,在教学时,教师既要指导学生理清课文的总体说明顺序,又要抓住比较突出的局部说明顺序,使学生真正把握文章的结构,正确认识说明的事物。

(3) 分析说明的方法

说明文为了揭示对象的特征,或者把事理阐述清楚,达到说明的目的,要采取具体的说明方法。对说明方法的学习,是说明文教学的重要内容。

说明文说明事物的方法有很多,常见的说明方法有举例子、分类别、列数字、做比较、下定义、打比方、列图表等。在说明同一事物时,作者往往会使用多种说明方法。在教学中,一方面,教师应引导学生充分认识作者使用的说明方法的合理性,把握事物的特征,学会准确说明事物;另一方面,教师要区分主次,抓住最突出、最能体现课文特点的要点,做具体、深入的分析,使学生真正掌握课文内容。还需要特别注意的是,方法是为内容服务的。教师在引导学生分析、理解说明方法时,一定要注意将方法与内容联系起来做分析,即在紧扣被说明事物的特征、理清课文层次内容的基础上,分析说明的方法。这样有助于学生理解和记忆,也易于学生模仿。离开课文的层次内容,空讲说明方法,学生听起来枯燥无味,也不利于说明文的读写训练。

(4) 体会说明文的语言特色

说明文的写作目的是让人了解事物,明白事理,增长知识,因此说明文的语言必须准确,才能保证严谨的科学性。说明文介绍说明的对象,常常具有很强的专业性,要使一般的读者接受,使用的语言必须通俗易懂。准确、通俗,是说明文语言最基本的特点。在教学说明文时,教师要启发学生体会文章的语言特点,学会准确使用词语。说明文在准确、通俗的前提下,为了增加文章的可读性和趣味性,也由于说明对象和作者语言风格的不同,说明的语言可呈现多样性,不必拘于一格。

3.议论文教学

议论文是以论辩说理为基本内容,以议论为主要表达方式的一种实用文体。它通过论证材料,借助一定的论证方法,展开论证,并运用概念、判断和推理的逻辑形式,来表达作者的思想观点和主张。论点、论据和论证,是议论文的三要素。议论文教学应着重关注议论文思想的深刻性、观点的科学性、逻辑的严密性和语言的准确性,引导学生区别观点与材料,把握观点与材料之间的联系,学习并运用有关的议论文文体读写知识和方法，培养、发展学生议论说理的能力和逻辑思维能力。议论文教学的要点包括以下四个方面的内容。

（1）抓住中心论点

论点是作者对所论述的问题所持的见解和主张。文章的各部分，都围绕着文章的中心论点组织论据进行论证。因此，中心论点是议论文的灵魂，抓住中心论点是理解一篇文章的关键。首先，议论文教学要引导学生找出文章的中心论点。有的文章题目本身就是中心论点，有的文章一开头就点明论点，有的文章末尾归纳出论点，还有的文章将论点隐含在全文的论述之中。其次，议论文教学要引导学生通过自己的思考，深入领会文章思想的深刻性和观点的科学性，并鼓励学生联系生活实际作出判断。最后，有的议论文围绕中心论点提出几个分论点，用分论点来补充、扩展或证明中心论点，在教学时，教师应引导学生找出文章中的论点，再研究他们之间的逻辑关系，分清主从，把握中心论点。

（2）明确论据

论据是用来证明论点的理由和根据。论据充分、可靠，它所支撑的论点才令人信服。因此，要准确把握论点，必须分析研究论据。分析研究论据的主要工作包括：明确论据自身的意义；分清论据的种类，即事实论据和理论论据两种类型；理解论据与论点之间的关系，即证明与被证明的关系。

（3）分析论证的过程和方法

议论文的论证过程，就是以论据证明论点的过程。简单地说，就是摆事实，讲道理。议论文只有经过论证，才能在论点和论据之间建立逻辑联系，才能使文章言之成理，才能使读者接受作者所阐述的观点和主张。议论文教学，应教会学生辨析论点和论据的关系，从而使学生认识文章论证的逻辑过程，加深对文章的理解。从教学实际看，认识议论文的论证过程，常常是教学的难点。因为论证是材料和观点相统一的过程，是运用论据证明论点的逻辑推理过程，也是作者写作技巧的运用所在。它不像论点、论据那么具体，它比较抽象、复杂。因此，教师要深入钻研教材，采取多种方式进行诱导和启发，以帮助学生理解和掌握论证过程。

议论文的论证方法就是用论据证明论点的方法。论证方法多种多样，常见的有举例论证、比喻论证、对比论证、类比论证、引申论证、因果论证等。在议论文中，论证方法不像论点和论据那样表现在字面上，而是隐含在论证过程中，相对来说比较抽象。在教学时，教师要结合课文的具体内容来明确论证方法，使学生掌握一些常用的论证方法，不能对学生进行抽象的概念灌输。一篇议论文为了充分、透彻地论证观点，往往会使用多种论证方法。在教学时，教师应根据课文特点和学生实际，指导学生重点掌握一两种主要的论证方法，切忌面面俱到。

（4）学习论证的结构和语言

议论文教学在把握议论文三要素的同时，还要注意文章是如何将这些要素组合起来的，用怎样的语言表达观点、展开论证的。议论文基本由三部分组成，即引论、本论和结论。这三部分从形式上表现为开头、正文和结尾；从论述的角度看，就是提出问题、分析问题和解决问题。议论文的结构类型可以分为两大类，即纵式和横式。纵式，即逐层深入的论述结构；横式，即并列展开的论述结构。由这两类结构派生出了一些结构形式，如横式的有"总—分—总"式、"总—分"式和"分—总"式，纵式的有"层层深入"式。分析议论文的结构，要明白各段落层次间的内在联系。各层次的联系是多种多样的，如并列式、递进式和对比式等。议论文教学还要注意文章中起过渡作用的段落和词语，借此分析文章的结构关系。需要明确的是，指导学生学习议论文结构的重点应该是分析本论的层次结构。

和其他文体相比，议论文不需要对事物进行直观的说明和形象的描绘，所以议论文的语言具有简明、准确、概括性强、逻辑性强等特点。议论文经常使用关联词语，运用各种复句来进行严密的逻辑推理，以此表达作者准确的概念、明朗的态度和鲜明的观点，达到以理服人的效果。针对议论文的语言特点，教师需要在教学中联系课文实际，有重点地进行分析，帮助学生认真体会和揣摩，以提高学生对议论文语言的感受能力和运用能力。

由于论述和说理的需要，议论文有时还要用说明、记叙、描写和抒情等表达方式。对此，议论文教学除了引导学生学习论证说理之外，还应该引导学生注意其他表达方式的运用。

4.应用文教学

应用文是应用在人们的学习、工作和日常生活中，用来解决实际问题的有固定惯用格式的一类文体。应用文的显著特点是文字简明，款式固定。应用文教学的重点在于使学生了解常见的写作格式和要求，训练学生的应用文写作能力。应用文教学的要点包括以下三个方面的内容。

（1）掌握常用应用文的格式

应用文的格式，在人们的长期使用中固定了下来，一般不可随意改变。如果不按照已形成的惯用格式去写，就会影响其实用功能的发挥，甚至使读者产生误解。应用文种类繁多，常用应用文的教学应主要借助文本示例，使学生了解其功用和基本格式。学生应熟练掌握几种常用应用文的基本格式，以便在读写应用文时，能准确地抓住内容，实现应用文的价值。

（2）掌握应用文的语言要求

平实、简明、得体，是对应用文写作语言的要求。应用文是用来联系工作、反映情况、解决问题的，人们阅读应用文一般不包含欣赏的因素，只要能准确、通顺地把要说的意思写清楚即可。因此，应用文语言以简洁明了、让对方看懂为原则。应用文一般都有特定的发出者和接受者，这两者之间往往形成特定的关系，这就要求语言的运用不仅要和它所要达到的目的、所应用的场合相适应，还要适合读者的接受心理，这些决定了应用文的语言非常讲究得体。在应用文教学中，一定要通过例文的学习和写作训练，使学生掌握应用文的语言要求。

（3）学会从应用文中搜集和整理信息

真实性是应用文写作的原则。有些应用文的产生是以掌握真实材料为前提的，如计划、总结、调查报告、新闻报道、合同、诉状等。在教学时，教师可以引导学生从不同的角度，结合自己的需要，提炼不同的信息；可以借助例文，指导学生收集材料，并对材料进行分析、归纳和分类，使其条理化的方法。

5.诗歌教学

诗歌是用凝练、形象、富有节奏感和音乐美的语言创造意境，高度集中地反映生活，抒发作者强烈的思想感情的一种文学样式。诗歌教学要使学生了解诗歌的一般特点，学习诗歌的基础知识，学习阅读、鉴赏诗歌的基本方法，提高阅读和欣赏诗歌的能力，提高文学修养。诗歌教学还能够发展学生的联想和想象等形象思维能力，陶冶学生的情操，培养学生健康高尚的审美情趣。诗歌教学的要点包括以下四个方面的内容。

（1）领会意境，体会感情

一般认为，意境就是诗人要表达的思想感情与诗中描绘的生活图景有机融合形成的一种耐人寻味的艺术境界。分析诗歌的意境，要引导学生通过诗人描绘的生活图景，发挥联想和想象，去丰富和补充诗歌的画面，以感受诗人的感情，从而把握诗歌的感情和艺术特色，认识诗歌的审美价值。

领会诗歌的意境可分为以下三步。

一是理解揣摩语言，进入意境。诗歌的语言高度凝练，语言间还常存在间断跳跃、变换词序、减少成分、压缩省略等特点，给学生的阅读理解带来了困难。因此，教师需要引导学生细致地揣摩诗歌的语言，准确理解词句的含义及其相互间的关系，了解有关的历史事实或典故，把省略和减少的内容丰富起来，把跳跃的感情连缀起来，进入诗歌意境，这也是领会意境的基础和前提。

二是启发联想和想象，再现意境。诗歌中诗人的思想、感情及其所描绘和塑造的形象，往往高度统一。在揣摩语言的基础上，教师要启发学生展开联想和想象的翅膀，唤起学生的形象思维，在学生心中呈现出一幅幅情景交融的画面，让学生感受其中的"言外之意""画外之象"，从而理解诗中广阔丰富的生活内容所包含的深刻思想意义，并从中受到感染和熏陶。领会诗歌的意境，既是诗歌教学的重点，也是诗歌教学的难点。

三是寻觅意象。意象就是诗歌中饱含诗人感情，带有诗人主观色彩的物象。中国的诗歌，自古以来就非常注重意象的应用。引领学生寻觅诗歌意象、体会诗歌意境，是诗歌教学的又一关键点。从某种意义上讲，抓住一首诗的意象，就等于获得了解读该诗的一把钥匙。学生在品读诗歌的语言时，要能够理解诗歌意象的含义。

（2）品味语言，分析形象

诗歌以精练、含蓄、富有节奏感和音乐美的语言，表现鲜明的形象、深远的意境。诗歌教学自始至终要突出朗读教学，让学生在朗读中感受、欣赏诗歌的鲜明节奏和音乐韵律，在朗读中把握形象、进入意境。

好的诗往往"因一字而尽传精神""着一字而境界全出"。诗歌教学要在这"一字"上进行点拨，启发学生认真思考和体味用词的精妙，并体会诗歌的意境，使学生进入到诗歌表达的感情艺术境界中去，和诗人的感情产生共鸣，使诗中的意象具体化、形象化。需要注意的是，教师在引导学生抓关键、抓"诗眼"的过程中，不能将对诗歌的字、词、句的理解与诗歌整体割裂开来进行，应引导学生从诗歌整体出发，在具体的语境中理解字、词、句。

（3）分析艺术构思和表现手法

诗歌的构思讲究精、巧、新，往往采用借景抒怀、托物言志等多种表现手法，通过典型景物具体鲜明的形象，抒发感情，表现主题。在教学中，教师要引导学生分析诗人是如何描写人、事、物、景的，寄予了怎样的感情，从而领会诗人要表达的主题。诗歌创作运用了形象思维，为了达到形象鲜明、新颖独特的表达效果，诗歌常用比兴、夸张、拟人、对偶、反复、对比等修辞手法和烘托、象征等表现手法，来增强艺术感染力。在教学中，教师应该根据诗歌的具体写作特色，引导学生注意它们的表达作用，以此更深入地理解诗歌的内涵。

（4）引导联读和仿写

联读是为了从教学的深度和广度出发，找到具有相同主题、相同题材的诗作，进行比较阅读。通过比较阅读，学生能更好地理解诗歌的思想情感。联读是诗歌教学的重要方法，其目的主要在于拓宽学生的学习视野，在于给课文的阅读教学增加容量。

仿写，是培养学生语文实践能力的一个重要手段。仿写既能使学生充分感悟诗歌的语言奥妙，也能提高学生遣词造句能力，提升学生理解、联想、想象和思维的能力。仿写可以仿写诗句，也可以仿写段落，可以将诗歌创作与诗歌朗诵结合起来。

6.文言文教学

由于文言文教学的特殊性，教师除了运用语文教学常用的一些方法外，还要充分运用诵读法、比较法、归类法和串讲法等。

（1）诵读法

诵读法，即熟读和背诵，它是文言文教学中比较常用的方法。学生在读的过程中，去感知、理解和品味，不仅可以在头脑中储存文言信息，丰富自身对古汉语的感性认识，增加词汇和句式的积累，使其内化成自己的语言，形成良好的语感；而且在取得丰富的感性认知基础上，进一步理解词句的含义，掌握文言文遣词造句的规律，从而有效提高文言文的阅读能力。事实表明，文言文教学仅靠教师讲解是不能让学生完全领会古文的神韵、精髓和风格的，学生必须反复诵读，才能心领神会，并应用自如。诵读，一定要读出文章或作品中固有的语气、语调和节奏，表达出文章或作品的情绪、气氛和感情。诵读的过程就是对文章或作品深入理解的过程，要把读与其他基础训练紧密结合起来。

（2）比较法

在课堂教学中，为了使学生更好地掌握一些文言实词和虚词，掌握一些文言常用的特殊句式，了解古代历史和文化知识，消除文言文阅读的语言障碍和时代障碍，教师要常引导学生采用联系比较的方法。比较的方法主要有两种：一是古今比较。在学习古汉语的字、词、句时，教师要引导学生进行古今对照，找出古今语言的联系与区别，从而认识古汉语的特殊规律。古今比较有利于学生理解、记忆古汉语的字、词、句。二是前后联系。把前面学过的知识与后面学的知识联系起来，一方面使学生巩固记忆；另一方面使学生温故知新，举一反三，扩大积累，加强阅读理解文言作品的能力。

（3）归类法

在文言文教学过程中，教师要及时引导学生做好各种文言知识的归纳整理工作，将知识条理化、系统化，并由此产生领悟、联想、内化和迁移，触类旁通，提高学生的自学、自读能力。根据文言文教学的内容，学生可以以下五个方面进行归纳。

一是虚词用法归纳。在文言文中，虚词虽然数量少，但使用频率高，用法灵活，往往一个字有好几种用法，好几种解释，甚至分属好几类词。因此，文言文教学要认真抓好虚词教学，教师应当计划好一篇课文、一个学期重点学习哪些虚词，对重点学习的虚词进行归纳总结。

二是近义实词对照。学生应注意收集一些近义文言实词，区别其细微的差别。

三是一词多义的归纳。经常有意识地进行一词多义的归纳，有助于顺利扫除文言词汇教学中的障碍。

四是不同句型的归纳。教师可以把文言文中常见的判断句、省略句、倒装句和被动句等不同句式列出来，便于学生比较、理解和掌握。

五是通假字、古今字汇编。教师可以以单元、学期为单位，逐步积累，把课文中出现的通假字和古今字汇编起来，列成一览表，使学生加深记忆，并从中受到启发，举一反三。

（4）串讲法

串讲法是我国语文教学的传统方法，一般分为三步进行，即"读—讲—串"。读，要求学生结合注释，粗读课文，在此基础上，朗读全文或要串讲的语段。讲，对串讲的语段，尤其是对学生不理解或不甚理解的词语的含义和用法，逐个进行讲解。串，把整个语段的意思贯通起来，翻译整个语段，指出与上下文的关系及在篇中的作用。

7.童话和寓言教学

小学语文教材里入选了不少童话和寓言。

（1）童话

童话是一种小说体裁的通俗文学作品，主要面向儿童，是具有浓厚幻想色彩的虚构故事作品。童话通过丰富的想象、幻想，运用夸张和象征的手段来塑造形象，反映生活。其语言通俗生动，故事情节往往离奇曲折，引人入胜。童话常常采用拟人的方法，整个大自然以及家具、玩具等，都可赋予生命，注入思想情感，使它们人格化。

童话教学，必须体现童话的教育性、趣味性、幻想性和科学性。童话教学的要点主要包括以下三个方面。一是显示形象，感受童话的美和趣。在教学中，教师可以采用图画、剪贴画、音乐、朗读和表演等直观的手段再现童话形象，还可以用富有情感色彩的形象化的语言描绘童话形象，启发学生想象童话角色，想象童话角色的语言，充分感受童话角色的可爱。二是通过语言训练，感悟童话形象。童话教学要引导学生辨别童话角色的是非，理解童话蕴含的理念。要做到这一点，不是靠注入和说教，而是要抓住童话形象，通过评判童话角色来进行。在教学中，教师可以让学生进入角色，通过读童话、演童话的方式，来强化教学效果。三是培养学生的判断能力和创造能力。引导学生创造、改动原文复述童话，能有效地提高儿童的语言能力、创造能力和初步的分析判断能力。

（2）寓言

寓言是以假托的故事、拟人的手法说明某个道理或进行劝谕、讽刺的文学作品，常带有劝诫和教育的性质。其篇幅大多简短，语言简洁锋利；主人公可为人，也可为拟人化的生物或非生物；主题多是借此喻彼，借远喻近，借古喻今，深奥的道理从简单的故事中体现出来，具有鲜明的哲理性和讽刺性；常运用夸张和拟人等表现手法。

针对寓言的特点，理解寓意是寓言教学的首要任务。教师可以采用直观手段与语言描绘相结合的方法，创设情境，让学生在情境中，感受寓言角色的形象，体验角色的荒诞可笑，再引导学生依据具体深切的感受进行分析推理，最终理解寓言抽象概括的寓意。寓言教学应紧扣展示寓体形象的关键词语，引导学生领悟寓意。在凭借寓体形象进入推理的过程中，教师应紧扣寓言中的传神之笔，引导学生推敲词语，体会语感，从而领悟寓意。

二、小学语文写作教学

（一）写作与写作教学的性质

1.写作的性质

从根本上说，写作是一种个体化的活动。生命个体面对宇宙、人生和生命，会主动体验、思考和感悟，写作正是这种心灵历险的写照。作为生命个体，想弄清楚生命究竟是什么，对宇宙、社会、人生充满向往、憧憬、好奇、迷茫、激情和恐惧等。写作过程是一个活生生的个体，在写自己对生命的感悟和对人生、社会的思考，真切地表达内心所想。在这个过程中，作者也希望别人来分享其所思所想，从而听取别人的意见，以这种方式进行生命与情感的交流。所以，写作的第一生命力就是写真情实感，否则就失去了写作本源上的意义。

要进一步明确写作的性质，还可以从个体写作的心理过程去进一步思考。从这个角度说，写作实质上是一个双重转化的过程。第一重转化是从"物"到"意"的转化。"物"就是社会现实生活，"意"就是作者的写作意识，这种转化就是从作者生活到作者写作意识的转化。小学生写作也是同样的，他们也是在观察体验生活中不断思考，在自觉或不自觉中进行了积累，这从写作层面上说是素材的积累。当这些积累以意识的形式积淀下来时，就完成了这一重转化。当然，在写作过程中，这些素材并不能直接搬进文中，而是要经过思考和加工提炼的过程。第二重转化是"意"到"文"的转化，经过第一重转化，作者已经有了大量的以社会现实生活为原型的心理积淀。当作者有了写作意图之后，心理积淀在这个阶段转化为写作材料，作者进一步筛选、处理这些写作材料，进行谋局布篇，然后将写作意图转化为书面文字，使之成文，这是将作者的观念情感外化的过程。

写作过程，从信息论的角度看，实际上是一个信息转化的过程。素材的积累，是一个信息输入的过程，输入的信息在大脑中不断存贮，然后经过大脑的加工处理，进行编码，最后以文字的形式输出。整个过程完全符合信息论中的信息转化过程，即从信息输入、存贮、加工、编码到输出的一个完整过程。所以不论从本源上，还是从写作心理上，或是从写作过程的信息输出上，写作都是作者真情实感的写照。

2.写作教学的性质

从教师教的角度来说，小学的写作教学是培养学生写作兴趣，养成良好写作习惯，形成写作素养的过程。从学生学的角度来说，写作是学习运用语言文字表情达意、反映社会、体验生活的活动过程。写作教学是教学生综合性地融知识与能力、学识与人格、阅历与智慧于一体的教育教学活动。具体来说，可以从以下三个方面去认识。

（1）应用性

写作教学是为了培养学生书面语言交际能力，培养学生掌握学习、工作和生活中所需要的一般应用文的写作能力，以及表情达意的能力。特别要注意的是，小学生作文不同于文学创作，它是以实用性和应用性为基础的。这一认识在我国写作教学中是有分歧的。许多教师认为，中小学写作教学的首要目标是培养文学创作素养，是文学创作培养的初期，所以在进行写作训练时，他们忽视了应用性文体的写作训练，这实际上是没有关注到小学写作教学的应用性特点。

（2）综合性

写作能力是一项综合能力，写作教学也必然带有综合性的特点。对学生的作文训练是涉及多种因素的综合训练，如素材积累、语言运用、谋局布篇、写作思维等，体现了写作教学的综合性。忽视其中任何一个重要的因素，写作教学都会受到影响。

（3）实践性

心理学研究表明，技能的形成与提高必须要经过反复的实践。写作教学不仅要引导学生掌握写作的理论知识，积累大量的写作素材，更要帮助学生在大量的写作实践中将知识转化为技能，形成写作能力。长期以来，我国的写作教学有一种片面的看法，认为阅读决定写作，"读得多，就能写得好"。如果从素材积累这个层面上说，这是有一定道理的，但是如果从写作教学整体来说，就有其片面性。写作教学具有实践性，要通过反复的写作训练，才能形成写作能力。在学生的写作活动中，教师要给予学生系统、科学的指导，使学生的写作能力在诸多练习中形成并发展。

（二）写作教学的理念

写作教学要在继承传统的写作教学经验的基础上，广泛吸收当代的写作教学思想，遵循写作教学的基本理念。

1.引导学生体验生活

生活的体验，是写作的动力和源泉。学生的生活越丰富，体验越深刻，写作的基础也就越扎实。写作教学要不断地丰富学生的生活，以此强化学生的直接情感体验；要引导学生将目光投向身边的人和事，通过细致的观察、深入的思考，积累写作最丰富、最原始、最有生命力的第一手素材；要拓宽学生的阅读视野，直接的生活阅历毕竟是有限的，要让学生在阅读中汲取养料，丰富写作素材。教师要鼓励学生开展课外阅读，有意识地引导学生扩大阅读面，指导学生课外阅读的方法，经常性地组织学生开展各种阅读交流活动，深化学生对阅读的理解，使学生在阅读中感悟生活、体验人生。

2.培养学生的写作兴趣和习惯

同其他一切兴趣一样，写作兴趣不是天生的，而是在后天的写作实践中不断形成和发展起来的。它是在写作需要的基础上产生的。这种需要可以是学生对生活、社会理解的直接写作需要，也可以是社会的间接写作需要转化的写作兴趣。

语文教师培养学生的写作兴趣，可以从以下三个方面着手。第一，丰富学生的写作知识，充实学生的写作内容。获得有关写作的知识经验，是学生对写作产生兴趣的基本条件。但是这些知识经验，不是空洞的内容，教师要让学生觉得写作是丰富多彩的活动，使学生体验到写作带来的愉悦。第二，加强师生交流，促进情感融合。兴趣是带有情感色彩的个性意识倾向性，激发写作兴趣还要借助情感的作用。语文教师要建立融洽的师生关系，用充满情感的语言打动学生，增强学生对写作的情感体验。第三，运用多种有效的写作教学方法和教学手段。语文教师要善于改进写作教学的方法和手段，根据学生的年龄特点，有针对性地运用不同的写作教学方法，培养学生的写作兴趣，使学生在写作的过程中，不断提升写作能力。

良好的写作习惯，对学生的发展影响深远。习惯是经过练习养成的某种自动化的行为活动，是一种心理意识上的倾向性和惯性，是自我能动性的自觉体现。写作习惯，是中小学生写作素养的重要组成部分。

学生良好的写作习惯是在长期写作过程中逐渐形成的。写作教学要注重培养学生良好的观察、积累、审题、构思、选材、立意、表达、书写、修改等习惯。写作教学过程的每一个环节，都是一个习惯养成的过程。写作习惯的培养，要目标明确，注意克服不良习惯，反复实践，加强督促检查。小学生处于写作起步阶段，良好的写作习惯可以为学生终生打下扎实的写作基础。良好写作习惯的养成，需要从小学开始，持之以恒，从课堂到课外始终如一。可以说，良好的写作习惯对写作能力的形成，具有决定性的作用。

3.培养学生的写作思维能力

思维能力是概括、间接地认识事物本质规律的能力，是写作能力的重要显现。叶圣陶老先生曾主张学生作文要"先想清楚，然后再写"。他强调，写作时要先"想"，即先思考，再动笔。小学生思维能力的发展特点非常显著，其抽象思维能力迅速发展，思维品质不断提升。从小学到中学，学生思维的广阔性和深刻性、独立性和批判性、敏捷性和灵活性等思维品质快速发展，尤其是思维的独立性和批判性发展更为显著，学生逐渐学会独立思考。

写作教学要注重培养学生思维的敏捷性、广阔性、灵活性、深刻性、创造性和批判性等。首先，写作教学要加强思维方法的训练，培养良好的思维品质，使学生做到全面、本质地看问题。其次，写作教学要加强语言的训练。学生的思维发展总是和语言分不开的，掌握大量的词汇和言语运用规则，并准确、灵活地使用口头与书面语言表达思想感情，可以使学生的思维活动清晰、系统、有条理性。再次，写作教学既要发展学生的求同思维，也要发展学生的求异思维，限制心理定式的消极作用，培养学生多角度思维的习惯。最后，写作教学要注重培养学生解决实际问题的思维品质。

（三）写作教学的方法

1.命题作文

命题作文一般是教师出题，学生写作文。它是一种传统的写作训练方式，体现着写作训练的意图和目标，使学生能有计划地严格训练。其弊端也很明显，即不易写出真情实感，不易写出具体充实的内容。例如，命题不当，容易使学生无话可说，出现闭门造车的现象。

因此，在进行命题作文时，教师要考虑学生的心理特征、生活实际和写作实际，注意题目的启发性和新颖性，不要因为命题抑制了学生的写作思维。此外，命题作文训练要注意写作教学的序列性。序列性包含两个方面：一是要和阅读教学相结合，做到相互促进；二是要注意写作教学自身的教学序列，做到循序渐进，科学性与系统性相结合。

2.给材料作文

给材料作文是由教师给学生提供一定形式和内容的材料，让学生根据这些材料按要求写作，这实际上是一种半命题性质的作文训练，也有人将它看成是命题作文的一种变式。它有比命题作文训练更为灵活的优点。给材料作文可以多角度立意，有利于培养学生的创新思维。这类作文训练按照提供材料的种类可以分为两类，即图像材料作文和文字材料作文。

（1）图像材料作文

对于图像材料作文训练，教师提供的可以是图画，要求学生根据图画的内容进行描述，或评述，或展开想象；也可以是影视评述，要求学生根据提供的电影，撰写观后感或评论文章。图像材料作文训练，有利于培养学生的观察、分析、联想、想象，以及语言表达等多种能力。教师要引导学生先从整体上观察图像，获得对图像的全面认识，再从局部观察，注意图像细节，然后结合图像内外的文字说明，揭示图像要表达的主旨。学生要在理解图像的基础上，将图像中的现象和现实生活联系起来，展开各种联想和想象。

（2）文字材料作文

文字材料作文是提供给学生一定的文字材料，同时提出一定的写作要求，让学生依据材料，按要求进行写作训练。和图像材料作文一样，这类写作训练可以训练学生思维，相对于命题作文而言，更为开放。这类作文训练的方式种类繁多，下面对五种主要方式进行介绍。

①仿写

仿写，就是模仿范文写作。它可以是内容上的模仿，如模仿文章的中心、立意等；也可以是形式上的模仿，如模仿文章的开头、结尾等。仿写有利于读写结合，要注意避免生搬硬套，防止机械模仿。教师要将仿写训练与学生已有的经验进行匹配。由于学生的学习背景不同，每个学生对仿写原型的理解是不同的。写作能力强的学生，在仿写过程中总结概括能力强，可以通过仿写，主动地总结出一套行之有效的、符合个人特点的写作程序，并经巩固后进入长时记忆，形成写作素养。而写作能力较弱的学生，总结概括能力较差，只会被动地接受知识，不习惯去钻研或发现仿写中的规律，他们从仿写中形成的写作能力就较为有限。语文教师要尽可能地在学生已有的写作经验中，进行新的仿写，使每一个学生都能通过仿写训练提升写作能力。

此外，在仿写中，教师要注意对学生创造性思维的培养。如果只是对现成习作进行模仿，对于写作能力较差的学生来说或许是较为有效的一种建立"原型"的方法。但是对于一些写作能力较强的学生来说，有些内容学生原本是可以靠自己分析形成的，教师如果过于主动地展示模仿对象，使得学生只要模仿和接受就可以完成任务，这对于培养学生的想象空间和创造力是不利的。

②缩写

缩写就是对提供的材料进行概括和压缩，它要求既保留文章的主要观点和内容，又不能改变文章的结构和体裁等，不能写成读后感。缩写后的文章必须能连贯、完整、准确地反映原文的内容。文章的语言可以自己组织，也可以摘录原文。缩写训练有助于培养学生的阅读理解能力，提高学生的分析概括能力。摘录、删除和概括是缩写的基本方法。

③扩写

扩写和缩写相反，扩写是对原材料进行扩展，可以是对故事情节的扩充，也可以将一个论述提纲扩展为一篇具体、完整的议论文。扩写一般不改变原材料的思想内容和结构，不改变原材料的人称、体裁以及语言风格，不可以任意发挥，牵强附会。扩写要求学生读懂原文，抓住文章的中心重点，展开合理的想象，使扩写的内容自然、流畅，使原文比较简单的内容变得生动、形象。扩写训练有利于开阔学生的思路，培养学生联想和想象的能力，发挥学生的创造力。

④续写

续写是为提供的材料写续文，一般用于记叙文的写作训练。续写和扩写、缩写一样，要钻研原文,将原文读懂、读透,根据原文的基本内容和情节,依照其已有的行文线索和思路,对原文进行续写。续写要紧扣原文的中心,甚至使原文的主题进一步深化。续写的语言风格要和原文保持一致,过渡衔接要自然,所补充的新内容和情节要延伸原文的意义。续写可以激发学生的写作兴趣,培养学生的想象力和创造力。

⑤读后感

读后感是小学生作文训练较为常用的一种方式,即学生阅读教师提供的材料,对材料进行深入分析,写出自己的读后感想。教师提供的材料可长可短,可以是一段话,也可以是一本书;形式上也多种多样,记叙、议论或说明都可以。写读后感,关键是要读懂材料的深刻含义,选准"感"的角度。读后感重在感悟、感想,一般要跳出材料,联系社会和生活谈感想。读后感对于培养学生的阅读理解能力、逻辑思维能力和语言表达能力都是较好的训练方式。读后感是材料主题和内容的自然延伸,不可以牵强附会、不合逻辑。

3.自由作文

自由作文是由学生自行拟定题目,自主作文的一种训练方式。可以说,自由作文是最符合写作本源意义的训练方式之一。这种作文训练方式,学生所受限制较少,可以较为自主地进行写作,可以触景生情,写人记事,也可针砭时弊等,避免了没有东西可写的矛盾,对于调动学生的写作积极性和写作兴趣,发挥学生的创作个性都具有积极作用。

自由作文要求学生对自身生活中的写作素材进行选择,选择的过程也是对美好事物和对象的甄别过程,这有利于培养学生的审美情趣和审美能力,有利于深化学生对社会、生活的认识和理解。自由作文不容易形成写作训练体系,相比命题作文而言,其训练的目的性和计划性不够明显。自由作文的主要形式有自由拟题作文、日记、笔记、稿件以及小创作等。

总之,写作训练的各种方式都各有其特点。在写作训练过程中,教师要综合运用多种训练形式,整体把握,有效训练。

此外,写作训练还要注意以下三个方面。

第一,写作训练可以先进行单项技能训练,将片段训练与综合训练相结合。例如,练习写人,可以单独练习写肖像外貌、动作、成长过程、对话、细节、场面、心理活动等。不要总让学生写整篇文章,特别是低年级段的学生,可以采用"先分后合"的方式,从局部到整体进行写作训练。

第二,可以对写作全过程进行序列化的专项分解训练,观察事物、搜集资料、构思立意、编写提纲、选材剪裁、谋局布篇、修改文章等均要一一训练。

第三，课堂写作训练要重质量，不应简单地求数量。一篇文章要反复修改几遍，直到达到最佳水平。这比写几篇文章却又随随便便评改的训练效果要好许多。

第三节　小学语文口语交际教学

口语交际教学是学生在教师的组织和指导下，通过具体交际情境的创设与口语交际活动的开展，规范口语表达、提高口语交际能力、提升交际素养的教学活动。口语交际能力是学生语文能力的重要体现，是现代公民必备的能力。从语言发生的角度来说，口语先于书面语发生，使用口语进行交际是人类重要的交往活动。口语交际教学既是语文教学的一项基本内容，也是时代赋予语文教学的要求。教师应当充分认识口语交际教学的重要性和迫切性，以切实可行的策略和方法，组织学生进行丰富多样的口语交际实践，培养学生良好的口语交际能力。

一、口语交际教学的策略

教学策略的选择直接关系到口语交际教学的效果。口语交际教学主要从以下五方面来运用其有效策略。

（一）确立话题的策略

口语交际是基于一定的话题、以口头语言为载体开展的交际双方互动的信息交流活动。口语交际教学要选择恰当的话题。话题的确立应考虑到其价值、难易程度等因素，话题的内涵应是多元的，形式应是开放的、贴近现实生活的。在进行口语交际教学时，教师可以灵活选用教材中设计的口语交际话题，引导学生围绕话题进行专项训练。例如，现行语文教材密切联系学生的生活世界和想象世界，选编了许多使每个学生都有话可说、有话要说的教学模块内容，如人教版小学语文教材的口语交际模块就为学生准备了

"有趣的动物""名字里的故事""春游去哪儿玩"等话题。教师也可以从教材的阅读、写作内容中,提取话题,进行延伸训练,拓展学生思维的广度和深度,巩固、提高阅读教学和写作教学的效果。同时,教师还可以跳出教材,直接从家庭、学校生活,以及学生熟悉、感兴趣的社会热点中,选择话题,引导学生展开讨论,评析时事,针砭时弊,这样既有利于提高学生的口语交际能力,也有利于扩大学生的知识视野,全面提高其语文素养。

(二)创设情境的策略

口语交际是在特定的情境中产生的言语活动。口语交际教学活动应在具体的交际情境中进行。在确立好话题后,教师需要精心创设特定的交际情境。

教师要大胆创新,因时、因地、因人制宜,创设生动有趣、符合学生心理年龄特征的情境,让学生形成一种亲历感、现场感和对象感,自然而然地产生强烈的交流欲望和真正的情感体验。具体的交际情境可以是真实发生在课堂的问题式、讨论式等交际情境,也可以是模拟真实生活的交际情境。创设的情境要力争人人参与,让每个学生都能得到锻炼的机会。例如,新学期,班上来了一位新同学,教师及时捕捉时机,以欢迎新同学为主题,请每个学生发言。这样,学生就处于具有实际意义的交际情境中,抒真情,讲真话。

此外,创设情境的方式是多种多样的。第一,可以用生动的语言描绘情境。教师要用富有感染力的语言,为学生创设生动的情境,使他们积极主动地融入角色,找到情感共鸣点,产生情感回应,调动表现欲。第二,教师也可以在课堂上联系学生的日常生活和经验进行场景的布置,利用影像、录音机、多媒体、网络等各种现代化教学设备,创设具体直观的交际情境,使学生兴趣倍增,情绪高涨。第三,通过让学生进行角色表演,进入交际情境。爱表现是学生的天性,在真实的表演中,学生的情感能自然流露,交际的欲望十分强烈。因此,教师可以将课文内容改编成情景剧,将静态的口语交际内容变为以交际为目的动态内容,让学生边表演边进行口语交际。第四,教师还可以在课堂中模拟家庭生活、社会生活等,再现真实情景,激发学生的好奇心和兴趣。

(三)多元互动的策略

口语交际是听与说双方的互动过程。参与交际的人,不仅要认真倾听,掌握对方说话的要点,而且要适时表达自己的意见和想法,随机应对。只有在双向或多向互动中,口语交际的双方才能实现语言信息的顺畅沟通与交流。一旦一方停止发送信息，交际也就中断。互动是口语交际教学区别于听说教学的最大特征。即使是报告、演讲等独白式交际，也需要互动，听者和说话者也要有表情的回应。

口语交际教学的互动方式有许多，常见的有以下三种。一是师生互动。这要求教师转换传统的权威角色，与学生平等交流，激发学生表达的欲望和思想的火花。二是生生互动。这是同桌之间、前后桌学生之间、小组成员之间相互合作、交流沟通的方式。在编排组合时，教师要考虑学生之间的合理搭配。三是群体互动。这是班级小组与小组之间或全班学生共同参与的活动方式，也可以拓展到班级与班级之间，班级与学校、家庭之间。

无论是哪一种互动方式，学生与互动对象之间都是相互协调、有机组合的。师生之间、生生之间和群体之间的互动关系，也不是为了完成口语交际某一阶段的话题暂时维系的，而是为了培养学生口语交际能力而稳固构筑的，贯穿课堂教学的全过程。

多元互动策略要遵循以人为本的理念，关注每一位学生的发展，让每一位学生都成为交际的主体。教师不能只看互动的热闹表象，更要特别关注少数"弱势"学生的参与程度。这些学生或个性内向，或受先天条件限制，不善于口头表达。久而久之，他们容易丧失表达兴趣，也容易被忽视。他们更需要得到教师和同学的关心、尊重、信任。因此，教师要在课堂上建立师生之间、生生之间平等和谐的人际关系，尽量为"弱势"学生提供口语交际的机会，经常鼓励他们尝试和参与，共同营造一个轻松、自主的交际课堂，保证口语交际互动路径的畅通。

（四）示范指导的策略

学生口语交际的内容、方式和语言形式还比较粗疏，其口语交际态度、习惯和能力等正在形成发展过程中，而教师的言谈态度、习惯和风格个性都会在潜移默化中对学生产生很大影响。因此，在口语交际教学中，教师的示范极为重要。

教师要身体力行，规范自己的言行，做学生的表率。在课堂教学中，教师优雅得体的手势与表情、简洁明快的教学语言，以及丰富多彩的表达风格与习惯，都是学生口语交际训练的模仿对象。因此，教师要加强自身的口语交际素养，处理好教学中的口语交际与平时口语交际的关系，使课堂教学语言既有教师语言的共同美感，又具有个人风范，从而真正成为学生学习口语表达的对象和楷模。此外，教师在生活中的口语行为也应规范得体，不能课堂普通话、下课本地话，这样会对学生的口语交际行为产生误导，不利于学生文明得体的口语交际习惯的养成。

教师的指导也十分重要，主要包括以下三个方面。

一是指导学生倾听。例如，在指导学生专注、耐心地倾听时，教师要结合具体典型的案例，甚至亲身示范，让学生明白怎样才是专注、耐心地倾听，然后在具体情境中让学生实践和感受，学会专注、耐心地倾听。

二是指导学生表达。教师要加强学生普通话水平的训练，无论是在课堂上还是在课外活动中，无论是与学生讲话还是和教师交流等，都要求学生使用普通话。在学生出现发音不标准、用词不当、语序颠倒或语义不畅时，教师应及时提醒和纠正，使学生逐渐形成按规范讲普通话的自觉性与主动性。教师要指导学生文明有礼地讲话。适时、适当地使用文明礼貌语言，能给人以亲切、和蔼、大方和有教养的感觉，能营造一种健康、积极、和谐的交际氛围。教师要指导学生有条理地表达，在说话时，先提纲挈领地亮出自己的观点，然后迅速整理思路，围绕观点进一步思考从具体的几方面来选择内容和组织语言，做到有理有据。

三是指导学生交际技巧。比如，如何在交际的最初几分钟迅速打动对方？面对尴尬场面如何处理？教师要指导学生恰当地用交际中的无声语言，如表情、手势、动作等，强化口语的表达效果。在口语交际时，学生要神情自信、自然，目光坦诚，切忌左顾右盼、心不在焉，或居高临下、目中无人。此外，教师还要指导学生根据交际对象、场合和语境的不同，适时调整自己，提高自控能力和应变能力等。

（五）评价反馈的策略

评价反馈，是任何学科教学内容都不可缺少的一个重要环节。口语交际教学也应重视评价反馈策略，建立自己的评价机制，以便对口语交际活动及时进行反馈与改进。

在口语交际教学中，评价的主体应多元化，可以是教师评价、学生自评和学生互评三种方式相结合，甚至还可以让家长参与到评价中来。在评价时，教师要尽量以鼓励为主，多从正面加以引导，保护学生参与口语交际的积极性与主动性。对在活动中表现优异的学生，教师要及时表扬，给予充分肯定；对进步的学生，则可以提供一些实质性的改进意见。教师评价学生时不能只说"很好""不错"之类笼统的话语，而要准确到位地说出优缺点，如"你的声音很响亮，吐字清晰""表达流利连贯，比以前有了进步""观点很独特，很有见解""如果语速能够慢点效果就会更好"等。这样，在每一次口语交际活动中，学生都能得到具体而富有建设性的反馈信息，以便及时发现和改进不足，逐步提高交际能力。

二、提高学生口语交际能力的途径

口语交际能力的形成，需要落实在具体的交际实践中。口语交际教学渗透在语文教学的各个环节当中，不能狭隘地将其理解为课堂教学或口语交际专题课。因此，提高学生口语交际能力的途径是多种多样的。下面从口语交际课、阅读和写作教学、生活实践三个方面进行具体论述。

（一）在口语交际课中培养口语交际能力

口语交际是语文课程中的一个重要学习内容，和阅读、写作一样，口语交际应当进行专项训练。在进行专门的口语交际教学时，教师要根据课程标准的要求、教材内容的编排和学生实际，合理设计、安排，使学生的口语交际训练能系统、集中、有序地开展，保证教学的高效。

1.循序渐进地安排教学重点

口语交际教学应该依据循序渐进的原则，有序地确立教学重点，安排教学内容。因此，教师要掌握小学不同阶段口语交际教学的目标，通盘考虑，统筹安排，要求由易到难，内容由简单到复杂，形式由单一到综合，逐步提升学生的口语交际能力。在口语交际能力的培养上，从小学低年级到小学高年级再到初中、高中的教学重点，应体现出从口语基础技能、参与各类交际活动到研究各类交际与媒体问题的纵向深入的特点。在口语交际内容的选择上，从小学到初中再到高中，交际情境的创设应体现出以家庭生活、学校与同伴生活、社会与职业生活为主的横向拓展特点。一位教师在实践中总结出螺旋式上升的五个阶段口语交际教学设计：第一阶段，想办法让学生"开口说"；第二阶段，教会学生"怎样说"；第三阶段，帮助学生"找话说"；第四阶段，鼓励学生"大家说"；第五阶段，激励学生"自由说"。

2.创造性地使用教材内容

现行的小学语文教材比较重视口语交际教学，安排了较多的口语交际训练。教师应充分利用教材中安排的口语交际内容，使之在口语交际专项训练中发挥重要作用。如自我介绍、看图说话、复述故事、讲故事、讨论演讲、辩论、采访等活动，都为教师设计口语交际课提供了形式多样的参考。教师要认真研究，准确把握教材，珍惜每一个专项安排，尽量用好教材中现有的教学资源。但教材提供的内容往往不够具体，未必切合各地教学实际。因此，教师不能拘泥于教材内容，僵化操作，而要根据学生特点和地方实际，适当地进行增删调整，灵活、创造性地使用教材，优化教学效果。

3.选择适当的教学方法

在进行口语交际教学时，教师要针对不同的内容，灵活选择教学方法，使学生积极参与。口语交际教学的方法丰富多样，根据不同的活动形式划分，有问答法、讨论法、模仿法、表演法、复述法、讲解法、诵读法等；根据不同的教学范围划分，有全班式、小组式、个人式等。针对不同的教学内容、不同的学生和不同的教学条件，教师应选择合适的教学方法，切实提高学生的口语交际能力。例如，小学生生活阅历比较少，认知能力不够强，知识积累和语言基础较弱，宜采用诵读法、看图说话法、问答法、游戏法等，以此激发学生的兴趣，增强学生的交际信心，培养学生的交际能力。教学方法不仅要因学段而异，还要因学生而异。对于学习态度不端正和学习能力较弱的学生，宜采用个别指导法；对于学习能力较强的学生，要鼓励其自主学习；对于语言能力强的学生，可以采用讨论法，促使他们提升口语交际技能；对于语言能力弱的学生，可以采用诵读法和模仿法；对于场依存型学生，可以用讨论法打开思路；对于场独立型学生，可以使用问答法、表演法等发挥优势、取长补短。

（二）在阅读和写作教学中培养口语交际能力

阅读和写作教学是师生、生生进行交往互动的过程。语文教师不能只凭借口语交际专项训练来发展学生的口语交际能力，而应当将口语交际教学意识渗透在语文教学的全过程，通过长期感染和熏陶，潜移默化地提高学生的口语交际能力。

1.结合诵读进行口语交际训练

诵读是学生口头表达的基础，它既能让学生积累规范的语言，又能让学生体验到规范语言的价值。诵读具体分为三种，即朗读、朗诵和背诵。

朗读可以培养学生敏锐的语感，丰富口语材料，锻炼口才。教师要重视朗读训练，让学生多听录音和教师范读，通过直观感受语气、语调的变化，去深刻感受语言的情感，在理解课文的基础上，学会将作者的思想感情转化成自己的口头语。个别读、齐读、轮读、分角色读等，都是口语练习的好形式。学生还可以通过生生、师生对朗读的评价，来提高自身的朗读能力，展开你来我往的口语交际过程。

朗诵是一种较高层次的口语训练。它以有感情的朗读为基础，要求创造性地运用停顿、重音、语调、语速，辅以手势、眼神、身体动作和面部表情等体态，将朗读艺术化。

背诵，是一种传统的口语训练形式。通过背诵，学生既可以积累大量语言材料，又可以强化记忆能力，还可以锻炼口头表达能力。背诵训练是指导学生在理解的基础上记忆，而不是死记硬背。此外，背诵训练还要教给学生识记的方法，如重现背诵法、整体背诵法、分部背诵法、综合背诵法等。

2.结合复述课文进行口语交际训练

复述课文是指让学生用自己的语言和课文中的重点语句，把课文的内容有条理、有重点地表述出来。它必须是在学生理解、消化课文内容的基础上才能实现，是一种对课文内容的加工和语言的再创造。因此，复述课文是口语交际训练的重要方法。在教学中，教师要根据课文内容、体裁特点、学生的实际和口语交际要求，确定复述的内容和形式。复述课文既可以复述段落，也可以复述全文；既可以详细复述，也可以简要复述；既可以按照原文复述，也可以创造性复述。复述要按照一定的顺序，突出重点内容，详略得当，还要有条理、有感情，尽量使用课文中的重点词语和典型句式。在复述时，教师可以运用口语交际的方式进行必要提示，启发学生的思维，帮助他们回忆故事内容和情节，从而降低复述的难度。这样既培养了学生的复述能力，又训练了学生的口语交际技巧。

3.结合提问讨论进行口语交际训练

思维的发展是从发现问题开始的。教师或学生提出一定的问题，然后围绕这个问题展开讨论，师生一起分析问题和解决问题，是课堂教学最常用、最有效的手段之一，也是训练学生口语交际能力的重要方式。在教师的引导和鼓励下，学生在感知和理解课文的过程中，不懂就问，敢于提出问题。有了问题后，学生可以通过阅读文本、查阅资料等积极思考，大胆地发表自己的见解和看法。为了完善和提升自己的认识，学生经常需要与同伴讨论，进行小组合作，找到解决问题的好办法，而教师要在课堂上因势利导，于学生疑惑处启发，思维阻塞处疏导，学习关键处点拨。师生之间、生生之间的相互交流和讨论，不仅加深了学生对文本的理解，提高了学生分析和解决问题的能力，还促进了学生思维能力的发展，训练了学生的口语交际能力。

4.结合民主评议进行口语交际训练

在民主、开放的语文课堂中，师生是平等交流的，学生有充分展示个性的机会。这要求学生不仅要积极思考判断，提出自己的观点，还要特别留心倾听别人的朗读和发言，提出不同的看法，做必要的补充。在评议时，学生首先要用心倾听别人的朗读、发言和答问，不随便打断别人的话题，注意交际礼貌；其次，积极思考和判断，对话题进行补充，提出不同的意见；最后，对别人提出的意见既要采取悦纳的态度，又要进行必要的争论，保持自己独立的思想。对于教师、同学的朗读和发言，学生要发表自己的见解，说出自己的看法，被评议的学生可能虚心接受，也可能针锋相对地坚持自己的意见，这样自然形成你来我往的互动过程。在这一评议过程中，学生不仅深化了对文本创造性的理解，而且能逐渐形成相互交流、大胆争辩的口语交际能力，提高口语交际的信心。因此，教师应当将评议贯穿整个课堂教学过程。

5.结合填补空白进行口语交际训练

由于表达的需要，课文中会出现情节跳跃、内容省略的现象。在有些课文中，还有令人遐想的立意、耐人寻味的结构、意犹未尽的语言。教师要善于抓住这些内容，用口语交际填补空白。填补空白的形式有以下两种。

一是针对关键词句填补空白。在课文中，有些词语比较抽象，概括性强；有些人物的语言非常简洁明快。在教学时，教师可以让学生对或抽象或简洁的语言展开合理加工和想象，让简约的语言更丰富，让抽象的语言更具体。

二是针对省略内容填补空白。在写作上，不少作者会采用详略结合的方式，有时因表达的需要甚至会将一部分内容省略。在利用这些空白进行口语交际训练时，教师可以让学生先进行合理的想象，再把略写或省略的内容说具体，说完后请其他学生补充、评价，让学生借助这一载体充分互动。

6.结合口头作文进行口语交际训练

说和写有着密不可分的关系，口头作文就是一种兼具写作和口语交际功能的言语活动。口头作文要求当众述说，这使学生的语音、语速、措辞、语态和情感等方面都可以得到锻炼，对学生口语交际能力的提高大有帮助。在进行口头作文训练前，教师可以适当地教给学生一些口头作文的技能技巧，如如何把握话题语境；如何使措辞简洁明了；如何才能使语言生动形象，说出的话有中心、有逻辑；说话时如何配上适当的表情、手势等。

教师要注意口头作文的选题，学生对话题有了兴趣后，才可能有表达的意愿，主体意识就容易被调动起来，进而积极地参与到活动中来。在进行口头作文训练时，学生要思考三个方面，做到迅速构思。一要确立中心，明确自己的观点和态度。由于构思时间短，必须选定自己要说些什么，并确立文章中心。二要从实际出发，为作文寻找一个恰当的切入点。三要注重结局的简洁明快，做到首尾呼应，使口头作文更加完整。为了克服述说口头作文时的紧张心理,学生要对文章的结构和内容有必要的准备。事先做到心中有数,才会充满信心和勇气。在评讲口头作文时,教师应当侧重分析学生口语表达的情况,有针对性地对他们的口语表达予以指导和讲评,帮助学生解决在系统、连贯地讲话时所遇到的各种困难,真正提高他们的口语交际能力。

(三)在生活实践中培养口语交际能力

要培养学生的口语交际能力,教师不仅要加强各学科之间的联系,将其融入各学科的教学之中,还应当充分利用学生丰富多彩的日常生活,组织各种有价值的活动,为学生提供口语交际的实践机会。

1.在学校生活中锻炼

教师可以利用语文课以外的时间,在学校开展一些活动来进行口语交际训练,如处理班级和学校的一些热点问题、突发事件,开展主题班会,甚至利用电影、电视节目进行口语交际训练。在开展这些活动时,教师可以把主动权交给学生,让学生运用自己的聪明才智去安排活动、设计方案、制定规则、完成活动。这样既丰富了学生的课外生活,提高了学生的实践能力,又锻炼了学生的口语表达能力。

2.在社会生活中锻炼

现实社会生活中蕴涵着取之不尽、用之不竭的口语交际资源,让口语交际和社会生活紧密联系,为学生创造一个口语交际的广阔天地,既能使学生学到在课堂上学不到的知识,又能在实际应用中提高学生的口语交际能力。因此,教师应该引导和组织学生在社会交往中,开展各种口语交际实践活动。例如,教师可以组织学生走出学校,去参观或者访问风景名胜、博物馆、科技馆、展览馆等,参加一些社会宣传活动和服务活动,参加社区的各种有益活动,调查了解当地的经济、文化情况等。学生可以在日常生活的交际情境中进行训练,如去超市购物、到市场买菜、问路、借东西、和亲朋好友交流、当小记者去采访等。通过观察和体验真实的生活,学生由学校走入社会,在社会实践中提高了语言运用能力,同时也逐步学会如何关心周围的人和事,开阔了视野,为将来走向社会进行交际活动打下良好基础。

3.在家庭生活中锻炼

家庭生活是学生培养口语交际能力的重要土壤。教师应当利用家长会、个别交流等方式,经常和家长沟通,提高学生的口语交际能力。

首先,家长要营造宽松和谐的家庭氛围。在宽松和谐的家庭氛围中,孩子常作为一个独立的个体得到尊重，他们有较多的机会参与家庭交往，在家庭决策中发表自己的观点，心无芥蒂地将自己的经历和想法与父母交流，并得到理解与耐心的指导。这样的家庭氛围使孩子想说、敢说，最终会说。而在冷漠、粗暴、紧张和强制的家庭氛围中，孩子出于自我保护的本能，不敢也不愿与父母沟通，久而久之就丧失了交际的兴趣。

其次，家长要掌握必要的口语交际技巧。当孩子产生了口语交际的兴趣后，家长要引导孩子掌握倾听、表达和交流的口语交际技巧，使孩子养成良好的表达习惯，如说普通话的习惯、正确流利地表达的习惯。在表达时，孩子难免会出现言不达意、重复啰唆的现象，有时还会出现一些不规范的说法，如把"糖"说成"糖糖"，把"睡觉"说成"睡觉觉"。家长要耐心指导，帮助他们纠正，使孩子逐渐形成良好的语感。当然，在指出孩子表达中的问题时，家长不可操之过急，应以孩子能够接受为前提。家长还可以引导孩子根据不同的场合，选择不同的表达方式，使自己的表达更贴切。例如，用"还可以用什么词语""还可以怎么说"等鼓励性的话语，调动孩子的记忆储存信息，提高孩子的表达水平。

总之，在生活中，与人交际的机会随时、随处都有，教师要抓住每一个机会让学生在生活实践中加强锻炼，逐步学会倾听、表达与交流，把学校与家庭、社会有机地联系起来，共同为提高学生的口语交际能力创造条件和机会。

第四节　小学语文综合性学习教学

《实验稿》提出了"综合性学习"的要求，并将之与识字与写字、阅读、写作、口语交际四个传统的语文教学内容并列，以加强语文课程与其他课程以及与生活的联系，促进学生语文素养的整体推进和协调发展。

一、语文综合性学习的内涵

语文综合性学习是以语言课程的整合为基点，加强语文课程与其他课程的联系，强调语文学习与生活的结合，以促进学生语文素养的整体推进和协调发展。语文综合性学习有利于学生在感兴趣的自主活动中全面提高语文素养；是培养学生主动探究、团结合作、勇于创新精神的重要途径。

（一）语文综合性学习是语文学习内容的综合

语文学习内容的综合包含了语文学科内容的综合、语文与其他学科的综合、语文与生活实践的综合。

1.语文学科内容的综合

语文学科内容的综合，主要是指听、说、读、写的综合。综合性学习主要体现为语文知识的综合性运用，听、说、读、写能力的整体发展。叶圣陶先生在全国中学语文教学研究会第三次年会开幕式上曾指出："我们一方面要让学生善于说，另一方面要使他善于听。读和写呢？读就是用眼睛来听，写就是用笔来说；反过来，听就是读，用耳朵来读，说就是写，用嘴巴来写。所以现在的语文教学，要把听、说、读、写四个字连起来。"听、说、读、写各有其不同的特点、功能与规律，不能互相代替；四种能力又是相互依存、相互制约、相互促进的，不可割裂开来，有所偏废，顾此失彼。因此，语文综合性学习，首先要注重语文学科内容的综合。

2.语文与其他学科的综合

语文与其他学科的综合，指的是与其他各学科的知识相互打通、综合、重组与提升，学生通过综合运用各学科知识，不断探究、学习和发展。语文与其他学科的综合，打破了学科之间的壁垒，改变了过于强调学科本位的状态，体现了课程综合性发展的必然趋势。语文教学应密切关注现代社会发展的需要，拓宽语文学习和运用的领域，注重跨学科的学习和现代科技手段的运用，使学生在不同内容和方法的相互交叉、渗透、整合中开阔视野。这充分体现了语文作为基础学科与其他学科密切相连的特点。而语文综合性学习正是充分发挥了语文学科的这一特点，让学生在更广阔的空间中学习语文，更好地培养语文素养。

3.语文与生活实践的综合

语文与生活实践的综合，则是基础教育课程改革强调的发现、探究学习在人发展中的价值的体现。语文是实践性课程，要让学生能够在生活中运用语文，首先就要让学生在生活中学习语文。语言本身就是从生活中来的，学习资源和实践机会无处不在，无时不有。学生应该多读、多写，日积月累，在大量的语文实践中体会和把握语文的运用规律。学生根据生活中学习到的语言，建构自己的语文知识系统，再根据自身的特点，运用语文。

（二）语文综合性学习是语文学习方式的综合

传统的语文教学更偏重学生的接受学习，而语文综合性学习是基于学生的直接经验、密切联系学生生活实际、体现对知识的综合运用的过程，是充分实践自主、合作、探究学习方式的过程。因而，语文综合性学习更强调学习方式的综合，强调个体独立学习与同伴合作学习相结合，接受学习与探究学习相结合，理论学习与实践学习相结合，课内学习与课外学习相结合。学习方式的综合，更体现为学习方式的多样化，由传统的"传递—记忆"的方式，转化为多元化的方式，如"观察—表达""问题—解决""活动—探究"等方式。

综上所述，语文综合性学习，是学生在语文实践活动中，综合运用语文知识，整体发展听、说、读、写能力的过程；是语文课程与其他课程沟通融合的过程；是学生在生活实践中，运用语文知识的过程。其根本目的是使学生的语文素养获得全面、协调的发展。

二、语文综合性学习的优势

作为一种新型的课程内容和学习形态，语文综合性学习拓宽了语文教育的空间，拓展了语文学习的领域，在培养学生方面具有以下五点优势。

第一，有利于学生体验成功的快乐。语文综合性学习多样的形式，给学生提供了一个展示自己能力的平台。在完成学习任务的过程中，他们可以获得成功的体验，从而得到快乐。语文综合性学习评价是多元化的，是以促进学生发展为目标的，这就从不同侧面、不同层次肯定了学生，让学生有了更大、更广阔的发展空间。在自主状态中，学生更能体验到成功感。

第二，有利于提高学生的语文综合能力。在做活动准备的阶段，学生要阅读丰富的材料，开展搜查、筛选等活动，这锻炼了学生阅读、理解和判断的能力。在开展探究活动时，学生要走进大自然、走向社会，要与人交往，这锻炼了学生观察和表达的能力。学生在材料提炼、成果形成的过程中，锻炼了写作能力。在进行交流汇报时，学生要综合运用听、说、读、写能力。在整个综合性学习的过程中，学生要综合运用各种语文能力。

第三，有利于学生个性化发展。语文综合性学习充分尊重学生的兴趣、爱好，为学生自主性的充分发挥开辟了广阔的空间。综合性学习的组织是以学生的个性化体验为核心的，鼓励学生自主选择学习内容及方式，教师仅是活动的建议者、组织者和协助者。综合性学习的开展，更多关注活动的过程与方法，尊重学生个性化的学习方式和学习风格，尊重学生独特的体验过程、体验方法和体验结果。综合性学习的成果展示也是个性化的，学生可以自主选择调查报告、演讲、文章或小品等各种形式，更好地表现自我。语文综合性学习的评价也能够促进学生的个性化发展。

第四，有利于培养学生合作探究的能力和良好的学习习惯。语文综合性学习要求学生自主学习和合作学习相结合，并在许多情况下采用小组形式完成学习任务。在活动过程中，学生要学习应对各种人际互动，如学生之间的互动、师生之间的互动、与调查对象之间的互动等。在交往中学会交往，在实践中学会研究、学会做事，这有利于学生真正实现学习方式的转变，培养合作和探究能力。而由于综合性学习呈开放学习态势，学生可以在一种开放、主动、多元的学习环境中学习，这样更有利于他们形成良好的学习习惯，包括思考的习惯、查阅资料的习惯、深入探究的习惯等。

第五，有利于学生形成社会责任意识。语文综合性学习强调真实生活情境的创设，提倡让学生在真实的自然环境、社会环境以及人文环境中开展活动，关注现实生活中有价值的问题，学习发现问题、分析问题和解决问题。在活动过程中，学生会初步形成对人与自然、人与社会关系的正确认识，注意个人行为对于自然和社会环境的后果，逐步形成关注社会进步的意识，懂得社会发展人人有责的基本道理。

三、语文综合性学习的方案设计

（一）确定语文综合性学习的目标

学习目标是学生通过学习以后能达到的标准。明确目标是开展语文综合性学习的先决条件。综合性学习的总目标是提高学生对语文知识的综合运用能力，但每一次的综合性学习还应该有更具体的目标。目标的确定应该参阅语文教材中的相关材料，如单元提示等。语文教材是以单元形式呈现的，而综合性学习内容是根据单元要求编写的。单元的相关要求，也是对综合性学习活动的要求。在设计综合性学习方案时，教师必须考虑到单元的要求。此外，目标的确定还要考虑学生的具体情况。

（二）策划语文综合性学习的中心活动

语文综合性学习是以活动为中心的，持续的时间也比较长，因此在设计方案时就要仔细考虑、认真策划。策划方案的重点是确定中心活动，这是方案设计的核心环节，也是加强方案设计整体性的重要步骤。确定了中心活动，后面开展活动的设计才不会零散、漫无目的。中心活动的确定以目标达成为基础，更重要的是要考虑学生的兴趣。

（三）制订综合性学习活动的具体方案

制订综合性学习活动的具体方案就是思考并谋划如何组合与运用各种学习、教学手段，采用一定的教学方法，指导学生在一定时间内完成学习任务。这是方案设计的重要部分，解决的是"如何开展活动"的问题。具体方案设计得越完善，活动开展就越能落实，综合性学习目标的达成度也会越高。

如果说前一个"确定中心活动"的环节更多的是从整体上考虑综合性学习方案，这一个环节就是分解活动阶段，具体各环节任务，明确各环节的学生学习与教师指导的活动。制订综合性学习活动的具体方案，一般要考虑三个环节，即活动前的指导、活动中的指导和活动后的指导。

活动前的指导，一般在室内进行。活动前的指导强调激发学生开展活动的兴趣，指导学生开展活动的方法，组织学生做好开展活动的准备。做好活动前的指导是顺利开展活动的前提。

活动中的指导，可以在室内进行，也可以在室外进行。教师要指导学生在活动中学会发现问题、解决问题，以及撰写文章或活动报告。活动中的指导强调教师不能放手，要关注学生的活动过程，及时给予学生必要的协助，让活动能顺利开展。

活动后的指导，一般在室内进行。教师指导学生展示成果和分享成果，并对成果进行评议，可以回顾活动前的要求、各小组展示自己的作品等。活动后的指导侧重于交流活动的组织与指导。活动的开展目的并不仅仅是活动本身，更重要的是要通过活动后的交流汇报，让学生分享活动成果，交流实践过程中的心得感受、体验及内心的成长，同时在交流中通过倾听、观摩别人的实践，得到启发和提高。

（四）设计语文综合性学习活动的评价方案

语文综合性学习活动形式一般是开放式的，持续时间比较长。要保证活动能有效指向目标的达成，就必须关注活动全过程的评价。因此，在做综合性学习方案设计时，也应设计评价的内容与形式。

第一，综合性学习评价方案的设计要注意明确目标及重点。评价目标要与方案目标相对应。同时，由于学生的活动过程是持续变化的，评价也要分阶段进行，体现发展性。每一环节的评价应有侧重点，不必求全。

第二，综合性学习的评价应该是持续性的，因此方案的设计要注意确定评价的时机，真正达到促进学生发展的目的。评价的时机要及时、得当，通常在较重要的活动内容完成后，就要有相对应的评价，这样既能跟进学生的活动进程，又能对学生的进步给予适时的指导和鼓励，更能通过及时的评价促进学生的自我反思，提高学生在活动过程中的自我管理及主动学习的能力。评价时机的选择与评价内容有密切的关联。例如，评价学生在活动中的合作态度和参与程度，就要在活动过程中观察和评价；评价学生能否根据占有的课内外材料，形成自己的假设或观点，就应选在活动的中后期进行评价。

第三，综合性学习活动是开放的，在设计评价方案时，要根据评价的侧重点，选择恰当的评价主体与评价方式。综合性学习活动是以学生为主体开展的，提倡自主、合作、探究的学习方式，因此更应强调让学生进行自我评价和相互评价，评价的方式也应多元化。

设计好综合性学习评价方案后，要充分发挥评价的指引作用。学生在活动前要了解评价方案，对整个综合性学习有个全盘的概念，对学习成果有预期的设想，根据自己的情况制订相应的学习策略，安排适当的进度，让活动能够取得更好的效果。另外，教师也可以根据评价方案，有针对性地搜集相关材料，为活动后的教学反思做好准备，切实提高学生的综合性学习能力和语文素养。

第四章 小学语文教学方法的设计与运用

第一节 教学方法概述

教学方法的理论是教学论的一个重要组成部分,对教学方法的实践起着重要的指导作用。然而,教学方法的理论研究中还有一些问题,如教学方法的概念、特点及分类等,亟待深化认识。

一、教学方法的概念与特点

(一)教学方法的概念

迄今为止,尽管中外学者对教学方法的界定不尽相同,但在以下几点上取得了共识:①教学方法与教学目的相联系,是实现教学目的的不可或缺的工具;②教学方法是师生共同完成教学活动所采用的手段,而并非单指教师的工作方法;③教学方法的功能是多方面的,既可凭借教学方法使学生掌握知识、技能和技巧,也可凭借教学方法使学生形成思想品质和审美观点,发展他们的能力和创造素质。这些共识的取得,为进一步深入探讨教学方法奠定了基础。当然,也还存在着一些问题,如教学方法与教学方式的关系、教与学及其方法的相互联系、教学方法最邻近的属概念究竟是什么等,没有得到很好的解决,仍需通过研讨加以明确。

1.教学方法与教学方式的关系

对于这一问题,有的学者认为教学方法与教学方式是对等概念,二者可以相互指称和诠释,甚至可以相互取代和替换;有的学者认为教学方式是教学方法的上位概念,教学方式包含着教学方法；有的学者则认为教学方式是教学方法的下位概念，教学方法是具体教学方式的总称和组合。笔者认为，教学方式是构成教学方法的细节，是教师、学生具体的基本动作和所进行的个别操作活动。也就是说，教学方法是由若干教学方式构成的，同一种教学方法可以由不同的教学方式构成，而同一种教学方式也可以运用于不同的教学方法之中。

2.教与学及其方法的相互联系

对于这一问题，有的学者认为教与学的相互联系是师生的共同活动；有的学者认为教与学的相互联系是师生相互联系的活动；也有的学者认为教与学的相互联系是教与学相互作用，或是教与学的辩证统一。应该说这种强调是必要的，但未免太过笼统和模糊，尚欠具体和明确。笔者认为，教与学的相互联系应确切地表述为教师指导学生学习，因此教学方法就不应简单地分成教师教的方法和学生学的方法，而应是教师指导学生学习的方法。

3.教学方法最邻近的属概念究竟是什么

对于这一问题，有的学者认为教学方法最邻近的属概念是手段，有的学者认为是方式，有的学者认为是活动，有的学者认为是动作体系，有的学者认为是途径，有的学者认为是程序。笔者认为，教学方法最邻近的属概念应该是操作策略。

基于以上认识，笔者把教学方法定义为：教学方法是在教学过程中教师指导学生学习以达到教学目的的、由一整套教学方式组成的操作策略。

（二）教学方法的特点

教学方法的特点是由其本质所决定、并在实践中表现出来的教学方法外部特征。一般认为，教学方法具有如下六方面基本特点。

1.实践性

教学方法与教学实践紧密相连，其工具性质显而易见。教学方法的基本精神、影响媒介、作用方式、具体步骤、详细要求等，都是可以操作的。同时，教学方法的实践效果，又是检验其优劣的重要指标。但是必须指出的是，教学方法绝不是单纯的技巧问题，它实质上反映着教师的教学思想和能力水平。

2.耦合性

耦合性，亦称双边性，是指任何一种教学方法都是教师指导学生学习这一双边活动的方法，是由教师教和学生学耦合而成的操作策略。每一种教学方法都是联系着教师与学生一定活动方式的构成体，而不是教师教的方法与学生学的方法的简单相加。

3.多样性

教学方法是多种多样的，组成丰富博大的方法库，以供教师教学时选择。每种方法都有其独特功能，适用于所有教学条件的万能方法是不存在的。只有多样化的教学方法才能帮助教师顺利达成教学目的。教学方法是师生为达到教育和培养人的目的而进行的相互联系活动的方式。由于活动的方式和性质是多方面的，所以教学方法也是多种多样的。因此，企图制订经常使用的、数目有限的几种教学方法是错误的。

4.整体性

不同的教学方法共同构成一个完整的方法体系，各种具体方法彼此联系、密切配合、互相补充、不可分割，综合地发挥着整体效能。如果离开其他方法，离开整个体系，离开整个综合影响来单独分析的话，任何方法都不能认为是好的方法，也不能认为是坏的方法。在安东·谢妙诺维奇·马卡连柯看来，个别方法的影响，可能有正面的结果，也可能有反面的结果，而互相配合的各种方法的总和乃是决定性的方法。

5.继承性

教学方法也和其他教育现象一样，具有历史继承性。古今中外教育家在长期的教学实践中，为了提高教学实效，非常重视教学方法，并且积累了相当丰富而宝贵的实践经验。其中有些在一定程度上反映了教学的客观规律，至今仍具有生命力，值得我们认真总结、整理，并借鉴其合理的部分。任何新的教学方法都不可能从零开始，必然要多方面吸收和利用传统的教学方法中一切有价值的成分。

6.发展性

任何教学方法体系都不是固定不变的。在具体教学实践中，教师必须根据变化了的时代精神、内容性质和对象特点等客观条件，勇于开拓，推陈出新，使教学方法更能适应教学的实际要求。教学方法的发展还包含着对传统教学方法的挖潜、改造、互相补充和综合利用，因此它同教学方法的继承性并不矛盾。

二、教学方法的分类

目前我国中小学常用的教学方法种类繁多，包括讲授法、讨论法、谈话法、读书指导法、演示法、实验法、练习法、实习法、参观法、观察法、欣赏法等。教学方法如此之多，进行科学的分类非常必要。

（一）教学方法分类的意义

教学方法的分类有助于教学方法科学体系的建立。分类，就是根据各种方法所具有的共同特点划分归属，建立次序和系统。教学方法的分类是以对每种具体教学方法进行详细分析为前提的，在明确某种方法的实质、作用和特点的基础上，根据某一标准，将若干相同或相近的教学方法归为一类。由于分类有一个依据的标准，各种教学方法不仅可以彼此区别，而且在这个标准上，各种教学方法之间有关联和层次。由此，可以把原来繁杂、散乱的教学方法置于一个参照系中，使其井然有序，形成一个教学方法的有机体系。各种教学方法都可按不同的分类标准使之从属于不同的逻辑联系和序列，每一个序列都各自构成一种教学方法的体系。这个体系是否科学，体系中的教学方法是否能够真正彼此区别开来，很大程度上取决于分类标准科学与否。因此，科学地确立教学方法的分类标准十分重要。

教学方法的科学分类有助于教师准确、有效地选择和运用教学方法，从而提高教学效率。理论研究的最终目的是为实践服务，关于分类教学方法的研究自然也不例外。教学方法一经恰当分类，建立起一定的体系，各种具体教学方法的特点、功用及其在整个教学方法体系中的地位便会一目了然。这样有利于区分一般与特殊、本质与非本质的东西，加深教师对教学方法基本原理的理解，提高教师运用教学方法的针对性与自觉性。

（二）教学方法的几种分类

教学方法应怎样分类？有哪些种分类？对于这些问题，很难用几句话就说得清楚。由于各家所持的分类标准不同，教学方法的类别划分也千姿百态，异彩纷呈。在此简单介绍几种类型的分类，以资参考。

1.爱德华·李·桑代克把教学方法分为读书教学法、讨论教学法、讲演教学法、练习教学法、实物教学法、实验教学法、设计教学法、表演教学法、自动教学法。

对于上述分类，桑代克未指明分类标准，看起来有的是依据各种教学方法所使用的手段（工具）和动作，如读书、讨论、表演等分类，又似乎想体现出从被动到主动，从简单到复杂，不断提高活动水平的性质。

2.中华人民共和国成立前，有的学者做了这样的分类：思想（考）教学、练习教学、欣赏教学、发表教学。这种分类也未说明分类的标准，看起来主要是从心理活动，以及学习知识、陶冶情感、形成技能等角度去划分的。

3.伊凡·安德烈耶维奇·凯洛夫任总主编的《教育学》曾列举了以下几种教学方法：①教师的讲述和讲演；②教师跟学生的谈话；③教师演示所研究的对象及所演示的各种实验；④演示画片和图表；⑤参观旅行；⑥学生通过阅读教科书和其他书籍来掌握知识；⑦学生的独立观察及实验室作业和完成各种实习作业；⑧练习；⑨检查学生知识的方法——口头检查、书面检查和实习检查。一般认为，上述分类主要是依据教学方法的常用性进行的。长期以来，我国许多教育学教科书都沿用这种分类法。

4.达尼洛夫、叶希波夫编著的《教学论》可以说是苏联传统教学论的典范。他们将教学方法分为：①保证学生积极地感知和理解新教材的教学方法；②巩固和提高知识、技能、技巧的方法；③学生知识、技能和技巧的检查。这是根据学生掌握知识的基本阶段和任务——感知、理解、巩固、运用来划分的，而这种划分教学阶段的理论基础就是马克思主义认识论所揭示的认识的基本路线：从生动的直观到抽象的思维，并从抽象的思维到实践。苏联教育界关于教学方法的理论研究十分活跃，有的突破了传统的分类方法。

5.米·尼·斯卡特金在其主编的《中学教学论》中，将教学方法分为图例讲解法、复现法、问题叙述法、局部探讨法、启发法、研究法。斯卡特金的分类主要是从学生认识活动的特点入手的，在一定程度上反映出层次性，即教学方法所涉及的学生活动水平呈递增趋势。

6.帕拉马尔丘克将教学方法分为知识的来源（实习、直观、讲述）、认识的独立程度（指导、启发、研究）、逻辑或智力活动（分析、比较、抽象、概括）。这种分类法称为"多度性"（多测度）或"多维"法。

7.巴班斯基将教学方法分为：①组织学生认识活动的方法，其中有口述法、直观法、实践法，这是根据教材的逻辑保证学生一定思维活动的方法，根据学生如何掌握教材保证学生获得教材知识的方法；②刺激学生认识活动的方法，其中包括刺激学习兴趣及引起学习动机的方法、刺激学生学习义务以引起学生学习动机的方法；③检查学生认识活动效果的方法，其中包括口头检查法、直观检查法、实习检查法。巴班斯基关于教学方法的分类是一种综合分类的尝试，所分出的三类方法均有其理论依据。具体言之，第一类方法是根据列宁关于认识论的原理提出来的，第二类方法是根据唯物辩证法关于内因与外因的关系的原理提出来的，第三类方法是根据控制论的原理提出来的。

8.日本筑波大学教育学研究会编写的《现代教育学基础》将教学方式分成教授方式、

学习方式、教授和学习相互作用方式、社会组织方式四类。该书认为，教学方式是在教学情境中，教师和学生为了教与学而展开的活动方式。这里的教学方式与我们所讲的教学方法内涵十分相近。

9.王策三教授的《教学论稿》一书认为，教学方法的分类最好多角度分析或综合分析，包括信息媒体是什么？师生怎样相互作用？认识的性质和水平如何？它有何种性能或功能？它适应的范围怎样？它的运用需要哪些条件？但作者没有进一步明确提出自己的分类。

10.《中国社会主义教育学》一书认为，对于目前我国中小学常用的教学方法，可以根据教学过程中学生智力活动的水平、所要求的思维品质的差异和学生活动的独立性程度分为逐渐升高的三大类：第一类包括讲授法、谈话法、演示法；第二类包括读书指导法、观察法、参观法；第三类包括讨论法、实验法、练习法、实习法。

11.目前，我国不少教育学著作根据学生获取知识的主要来源和教学活动的方式把教学方法分成四类。①语言的方法：讲授法、谈话法、读书指导法；②直观的方法：演示法、参观法；③实习的方法：练习法、实验法、实习法、作业法；④研究的方法：讨论法、发现法。

教学方法的分类形式还有很多，各种分类均有其优点和不足。不过有一点值得申明，即教学方法的分类是相对的，不可能把各种教学方法的特性都反映出来，包容于所分类的框架之中。所有的分类只是相对于各种教学方法的主要特征而言，而非全部特征。

（三）以教学目标为标准的教学方法分类

分类教学方法，一方面是教学方法理论科学化的需要，另一方面是为教学实践服务，方便教师对于教学方法的选择和运用。从理论探讨的角度看，教学方法的分类以多维法（按多个标准进行的综合分类）为宜，因为多维分类有利于人们从多个侧面去了解和认识教学方法，弄清教学方法的本质。而从实践的角度看，教学方法的分类则以单维法（按一个标准或维度进行的分类）为好，因为这种分类使人一目了然，易于教学方法的正确选取和使用，实用性较强，避免了不必要的程序，较为贴近中小学教师的实际水平。

在教学过程中，教学目标既是整个教学活动的出发点，又是归宿，是教学工作的灵魂。教学工作的其他变量，如教学设计、教学程序、教学评估等均需以教学目标为依据。因此，从便于教师有效认识和选用教学方法的角度看，教学目标是分类教学方法较为理想的尺度和标准。

近些年来，国际教育界非常注重对教育目标的科学研究，提出了许多关于教育目标的分类体系。其中，影响力较大的当推美国学者本杰明·布鲁姆等人所创设的教育目标分类体系。该体系是关于教育目标的一种详细分类。

该体系将教育目标分为三个主要领域：认知领域——关于智慧的结果和能力；情意领域——关于态度、兴趣、欣赏和适应方式；技能活动领域——关于运动技能、技巧。

认知领域其内容又分为由低到高的六个层次：知识、理解、应用、分析、综合和评价。每个层次，既可代表教育的目标，指导教学方向，又可表示知识的层次以及每一层次所涉及的能力。

情意领域的目标着重于兴趣、态度、欣赏、信念和价值意义等，分作五个层次，即接受、反应、评定、组织和定型。与认知领域的分类一样，情意领域的目标也是按从简单到复杂的规则排列。最初是简单的、实在的、普遍性较小的行为，逐步演进到复杂的、抽象的、普遍性较大的行为。从心理学的角度讲，这是一种价值意义内在化的连续过程。也就是说，这是把他人的、社会的对事物的看法、行为准则和价值观念等，转化为受教育者自身的看法、准则和价值观念的过程。

技能活动领域的分类与上述两个领域的分类相似，是按动作技能的复杂程度分类的，呈现出由简单到复杂的六个层次，即领悟、心向、模仿、操作、熟练和创造。

综上所述，布鲁姆等人认为教育的目标主要有认知、情意和技能三类。其中，认知领域的目标侧重于增进学生的知识，充实学生的经验，启迪学生的思维；情意领域的目标旨在培养学生的理想，陶冶学生的情感，培育学生的品德和人格；技能领域的目标着眼于训练学生的技能，培养学生的习惯，提高学生的操作能力。

值得注意的是，布鲁姆等人提出的这三类教育目标，与我国培养德、智、体、美、劳全面发展的人的教育目的，在内涵上是基本吻合的。如认知领域相当于智育的范畴，情意领域相当于德育、美育的范畴，而动作技能领域则相当于体育、劳动教育的范畴。从这一方面看，我们有理由借鉴布鲁姆等人的分类框架来研究教学方法的分类。据此，笔者试将中小学常用的教学方法分别归并于认知、情意和技能三个类别，具体分类如下。

1.认知教学法

以获取知识、丰富经验、发展智力和启迪思维为教学目标，包括讲授法、谈话法、讨论法、读书指导法、发现法、自学辅导法、设计教学法等。

2.情意教学法

以树立理想、涵养情操、形成品德和健全人格为教学目标，包括情境教学法、欣赏教学法、暗示教学法等。

3.技能教学法

以获得技能、生成技巧、养成习惯和熟练操作为教学目标，包括练习法、实习作业法、实验法、演示法、参观法等。

任何分类都是相对的，教学方法的分类也不例外。各种教学方法不论在其运用的具体要求上，还是在其功能和所涉及的活动上，都是相互联系的，只是各有侧重而已。

（四）小学语文教师常用的教学方法

1.讲授法

讲授法是教师通过口头语言向学生系统地传授科学文化知识的方法。讲授法是学校教学中常用的方法之一。学生主要是间接学习前人的经验知识，讲授法可以使学生在很短的时间内获得大量的、系统连贯的知识。讲授法还可以发挥教师的主导作用。一方面，小学生在字词句的掌握、文章内涵的理解上需要教师的讲授；另一方面，由于小学生发展过程中的特点，他们不能够在较长的时间内保持注意力的集中，需要教师采用灵活多样的教学方法吸引学生的注意力。教师可以根据学生自身的特点，合理安排讲授时间，使学生更好地掌握讲授内容。讲授法还有利于教师对学生进行思想品德教育。

2.讨论法

讨论法是在教师指导下，由全班或小组围绕某一问题，通过相互交流看法，相互启发、相互学习的一种教学方法。讨论法使学生有机会直接参与学习。在活动中，每一个学生都可以表达自己的看法，其他同学可以从发言中获得启示，加深对事物的理解，帮助学生灵活运用所学知识，提高学生分析问题和解决问题的能力。讨论法要求学生具有一定的知识基础，因此讨论法在高年级使用得比较多。讨论法可适当锻炼学生的语言表达能力，促使他们学会从不同角度看问题，在争论中交往，发挥他们学习的主动性和积极性，培养他们的学习兴趣，让他们独立思考问题。

3.问答法

问答法是教师根据学生已有的知识或经验，提出问题，并引导学生思考，得出结论，从而使学生获得知识、发展智力的教学方法。但是在课堂上提问并要求学生回答，不一定是合理地使用了问答法。如教师问："哪位同学把昨天课文的中心思想复述一下？"当教师所提问题有固定的答案时，这只是考查了学生的记忆力。只有当教师提出的问题没有现成的答案，需要学生通过思考进行归纳总结，才可以称之为合理地使用了问答法。

4.演示法

演示法是教师展示各种模型、实物、图片或进行示范，使学生获得关于事物的感性认识的方法。在实际教学中，物理、化学和生物课常用此方法。但在小学语文课上，学生的感性经验较少，想象力贫乏，因此教师为了促进学生对课文的掌握，经常采用此教学方法。

5.参观法

教师根据教学目的的要求，组织学生对社会生产生活中的实际事物进行观察、研究，从而获得新知识或巩固、验证已学知识的一种教学方法。这种教学方法能够增强学生的感性认识，使学生更好地掌握教学内容。但是这种教学方法往往受制于教学时间，在实际教学中运用较少。

6.练习法

练习法是学生在教师指导下，将知识运用于实际，以巩固知识，培养技能、技巧的一种教学方法。语文素养的养成是一个缓慢的、渐进的过程，需要学生做大量的字、词、句、文的练习。

7.实验法

实验法是在教师指导下，学生利用一定仪器设备，在一定条件下引起某些事物或现象的发生和变化，在观察、研究、独立操作中获取知识，形成技能技巧的方法。此方法的优点是能够让学生参与事物的发生，增强学生的感性认识，培养学生的操作能力。但与参观法相同的是也会受到课时的限制，使用该方法的教师常常需要提前布置活动，让学生在家里或学校中能够完成该活动。

8.发现法

发现法是指学生学习概念和原理时，教师只是给他们一些事例和问题，让学生自己通过阅读、观察、实验、思考、讨论等途径独立探究，自行发现并掌握相应的原理和结论的一种方法。此种方法的优点是提高学生智力潜能，加强内部奖赏，以便学生将来自行发现最佳方法和策略，记忆稳定而持久。

9.探究法

探究法是指学生学习操作和处理信息的策略、检验假设以及把结论应用到新的内容和情境中去的一种方法。学生能够识别问题，产生假设，用数据检验假设，把他们的结论应用到新的内容或情境中去。该方法不同于发现法之处在于，在发现学习中教师给学生提供资料，向学生提出疑问，期望学生发现某个原理和抽象思想。可见，探究法较之发现法要困难，对学生知识技能的要求更高。

第二节　小学语文教学方法的设计

一、设计小学语文教学方法的依据

（一）教学目标

教学目标是教学方法设计的第一依据。

针对识记、了解层面的目标，可以设计讲授法、演示法；针对理解、领会层面的目标，可以设计谈话法、讨论法、读书指导法等；针对应用层面的目标，可以设计练习法等。

（二）教学内容

不同的教学内容需要设计不同的教学方法。例如，拼音教学，尤其是拼读音节教学，应该大量使用练习法；诗歌与散文适合情境教学法；小说（故事）适合读书指导法或讨论法等。

（三）学情

学情主要是指学生的年龄特点与个性差异。例如，角色扮演法很适合低年级学生并且很受学生欢迎，但发现法和讨论法在低年级的使用效果就比高年级要差。低年级适合活动形式和游戏形式的方法。如有的学生通过读书指导法自己探索获得的知识可能难以留下深刻的印象，但结合教师的讲授（归纳、总结），则很容易留下深刻的印象。对这类学生，教师就要结合使用讲授法。学情影响教学方法的设计，因此教师要清楚所授班级学生的个性与特点，并充分考虑这些因素，有针对性地在不同的环节或者同一环节针对不同的学生设计不同的教学方法。

（四）教学组织形式

班级人数少的时候使用发现法一般会有很好的效果，但班级人数多的情形下，发现法的使用就会遇到较大的困难。

（五）教师素质与教学风格

同样的教学内容，不同的教师会设计不同的教学方法。教学方法体现了教师的个人素质和教学风格，教师在设计教学方法时不仅要结合自己的能力与素质，还要考虑自己的教学风格。有的教师多媒体运用水平高，他就可以较多地设计使用多媒体手段的教学方法；朗诵能力强的教师，可以适量多设计示范（演示）的方法；有的教师擅长辩论或擅长组织讨论，讨论法的设计就能很好地体现其特点与风格。其他教师设计的方法并不一定适合自己，教学方法要依据教师个人的能力素质与教学风格设计。

（六）教学条件

教学条件是客观的，设计教学方法不能超越教学条件。例如，受设备条件的限制，实验法有时候无法使用；没有多媒体设备，就不能设计运用多媒体手段的教学方法。再如，受教学时间的限制，过多设计发现法或讨论法可能就难以完成教学任务。

二、设计小学语文教学方法的一般规则

随着教育教学研究和实践的推进，教学方法体系越来越完善，教学方法越来越多，在名称不一且种类繁多的教学方法中选择适宜自己所授课程的教学方法是一件并不容易的事情。很多教师在教学方法的选用上较为随意，大多为应付教学设计或教案编写，任意选择若干个教学方法，但在实际教学过程中并未真正运用这些方法，或者说，选用的那些教学方法根本就没有在教学中体现出来。教学方法的选择不可随意，需要遵循一定的基本规则。

教学方法可以按不同的标准进行不同的分类，教学设计过程中，一般需要坚持在同一分类标准下选择该分类中的具体教学方法，以避免出现名称不同但实际方法相同的结果。以教学目标为标准分类的教学方法是目前运用较多的教学方法，下面以这种分类为例，说明如何选用教学方法。

选用以教学目标为标准分类的教学方法，关键是先确定教学目标，再选择教学方法。

语文课教学目标有单一目标和综合目标两种情况。

就单一目标而言，可以选择该单一目标项下可用的教学方法。比如，某些课的基本任务和目标是对学生进行情感熏陶，这类课主要以树立理想、涵养情操、形成品德和健全人格为教学目标，可以选用的教学方法包括情境教学法、欣赏教学法、暗示教学法等。

就综合目标而言，如识字与写字教学一般具有多重目标，包括以获取知识、丰富经验、发展智力和启迪思维为教学目标和以获得技能、生成技巧、养成习惯和熟练操作为教学目标等，对应各目标，可选择的教学方法包括讲授法、谈话法、讨论法、读书指导法、发现法、练习法、实习作业法、实验法、演示法、参观法等。综合目标下，可选用的教学方法比较多，也很灵活。但目标综合并非表示选用的教学方法越多越好，教学方法要典型，要实用。

单一目标与综合目标并非绝对的，实际上按照素质教育的要求，所有课堂教学的目标都不应该是单一的，此处仅是为了表述方便，也为便于理解而已。

第三节　小学语文教学方法的运用

一、小学语文新教学方法的利弊分析

新课标实施以来，素质教育的观念深入人心，如一些语文教师在备课时，设计了很多的问题，以便上课时指导学生小组讨论，达到学生自主学习的目的。教师在语文教学过程中对教学方法的钻研，一方面促进了师生交流，另一方面进一步挖掘了教材的有关内容。

但是，在实践过程中，并不是所有的新理念、新方法都能够适应小学语文教学的实际，某些教学方法取得的效果并不理想。例如，在多媒体课堂上，学生的注意力多被大屏幕吸引，很少专心看课本。学生只顾看图画，对图画的记忆很清楚，图画旁边的文字则难以引起他们的注意。

另外，某些新教学法脱离教学实践，太过学院派，忽略了小学生的心理思维特点，

脱离了小学生的认知实际,不但没有达到预期的效果,反而会将小学语文教学引入误区。下面就其中几种较为普遍的现象做分析,以期有助于改进课堂教学。

第一,过于强调课堂游戏化,忽略了引导学生体会学习知识过程本身的愉悦。愉快教育是针对学校片面追求升学率的错误做法、学生负担日益加重的严峻现实而提出的。顾名思义,愉快教育是指学生乐于接受教育,学生自觉感到学习文化知识是件十分愉快的事。那么学习的乐趣从哪里来呢?教师应在教学中提供恰当的外部诱因,调动学生的学习内驱力,使其乐意学、努力学,在学习过程中获得乐趣。但从一些实际教例来看,有的教师片面理解"愉快教育"的含义,结果产生了一些不切实际的教法。事实上,游戏只是促进学习的一种手段,无论学习什么知识,要想学好,都要依靠学生的主观能动性。教师有效地诱发学生学习的内在主观能动性,才是促使学生自觉愉快学习的关键。教育实践证明,受年龄的限制,小学生学习的直接内驱力来自其明确的学习目的。教师在教学中应该给学生一个具体的学习目标,使学生在学习中获得经过努力取得成功的愉悦,这样学生就具备了主观认知的先决条件,能学懂教材,跟上教学进度,不断体验到学习成功的喜悦,达到愉快学习的教育目的。

第二,教学方法的学院派气息过浓,热衷于烦琐分析,人为地将易于理解的教材艰涩化。目前,较流行的小学生分析课文意义的方法一般至少分四个步骤进行:类比、逆向、"闪光"、辐射。如文章中出现一个"爱"字,就要引导学生爱家乡、爱学校、爱老师、爱同学、爱父母、爱祖国、爱人民等。这不仅无助于提高学生的阅读能力,而且会使学生的思维脱离中心思想,既浪费了宝贵的课堂时间,影响了讲授效果,又使学生产生畏难情绪。这种脱离实际的"创新",人为地胡乱联想、制造深奥,不是教法的改革,而是好大喜功的浮躁表现。

第三,偏离课堂讲授形式,过于强调学生能动性的作用,导致课堂教学效率低下。近几年,教师上课为避免"灌"的嫌疑,不敢细讲。其实,讲解是教学方法的主要构成要素,是传授知识最便捷、最高效的方法之一。简洁、生动、条理清晰的讲解,本身就包含有对学生的启发,只有那种让人生厌、枯燥乏味的讲解才是"灌"。倘若教师的讲解准确、幽默、风趣,那么学生的思绪就会被教师引入知识的宝库。听这样的讲解不仅让人深受启发,而且会给人留下深刻的印象,把知识记得更牢固。至于讲课的具体方式方法,则取决于教师自身的文化素质、教材的具体内容、教学的具体目的、学生的认知实际和学校的教学设备条件。教师要根据实际需要,将讲授、诵读、练习、提问、演示有机结合,采取适当的教学方法。

总之，培养学生学习语文的兴趣，多方面地开展课堂教学活动是小学语文教学的客观要求。教师可以多组织一些语文活动课，让学生在亲身参与中意识到学语文的重要性和学习的乐趣。上课时，教师在讲授过程中可以准备一些教学彩图让学生有直观的感受，而不仅仅是理论上的枯燥理解；还可以多举一些生动、形象的例子，最好能贴近生活，和现实世界有联系，这样能更好地让学生展开讨论。但是，基本的课堂讲授是不能偏离的。

二、小学语文教学方法的运用策略

（一）重视教学方法中人的因素

方法是人使用的，教学方法改革依赖于使用教学方法的教师素质的提高。同样的教学方法，在不同的教师手中会产生不同的教学效果。所谓"教学有法，教无定法，贵在得法"，教师要掌握并灵活运用各种教学方法。另外，教学方法是教与学相互作用的活动纽带，教学方法的运用不只是教师的事，还依赖学生的参与，依赖师生之间的积极互动。教师在运用各种教学方法的过程中，要善于调动学生的主动性和积极性，善于和学生交往、互动，增强教学效果。

（二）正确处理继承和发展的关系

任何教学方法都和历史有一定的渊源。教师在运用教学方法时，既要注意批判地继承历史上总结出的各种教学方法，不能对传统教学方法进行简单的否定；又要处理好新课程倡导的教学方法和传统教学方法之间的关系；还要善于对历史和现实中的各种教学方法进行创造性的发展，促进教学方法的创新。

（三）综合运用多种教学方法

单一的教学方法总有各种不足，教师要在教学中综合运用多种教学方法。教师综合运用多种教学方法的前提是认真钻研各种教学方法的特点、作用、适用范围和使用禁忌，在具体教学中选择、运用恰当的教学方法，并将这些教学方法进行优化组合，取各种教学方法之"长"而避其"短"。教学方法不是孤立的，各方法之间存在关联，互相渗透。任何一种教学方法的作用都是有限的，单纯运用某种教学方法难以取得好的教学效果。

三、运用最优化的教学方法

小学语文教学方法的运用要追求实现教学方法的最优化。教学方法的最优化是教学实践取得最优效果的重要保证,也是锻炼与提高教师教学艺术水平的重要途径。

(一)选用最优化教学方法的依据

各种各样的教学方法各具特点,功能互异,要求不同。那么,如何才能在教学实践中恰如其分地选定此时此地此情此景下效果最优的教学方法呢?这就需要教师注意依据以下几方面进行慎重选择,正确决策。

1.根据教学的目的和任务选择

教学方法是实现教学目的和完成教学任务的手段。不同的教学目的和任务要求教师运用不同的教学方法。任何教学方法都是为一定的教学目的和任务服务的。教师必须注意选用与教学目的和任务相适应,并能实现教学目的和任务的教学方法。

2.根据教学内容的性质和特点选择

教学目的和任务是通过教学内容来实现的,教学内容的性质和特点不同,就应选用不同的教学方法。只有教学方法与教学内容的性质和特点相符合,才能使教学内容发挥出更大的效益。

3.根据教学对象的实际情况选择

教学对象的年龄、性别、经历、气质、性格、思维类型、审美情趣等的不同,也对教学方法提出不同的要求。只有选用与此相适应的教学方法,才能真正有效地提高教学对象的知识能力和思想水平,促进其健康向上地发展。

4.根据教师自身素质及所具备的条件选择

教师自身的素养条件和驾驭能力,直接关系到选用的教学方法能否发挥其应有的作用。教师应对自身素养及所具备的条件进行实事求是的分析,根据自身特点和条件选用恰当的教学方法,以扬长避短。哪怕别人用来行之有效的方法,也不可盲目照搬。

5.根据教学方法的类型与功能选择

每种教学方法都具有不同的特点与功能,教师应认清各种教学方法的优缺点,把握其适应性和局限性,或有所侧重地使用,或进行优化组合,不可盲目地选用教学方法。教学方法的选择与使用,体现着教师的智慧,标志着其教学艺术水平的高低。

（二）探索最优化的教学方法

最优化的教学方法只能产生并成熟于教师广泛而深入的教学艺术实践，离开这个活的源泉，最优化的教学方法就只能是一句空谈。什么是最优化的教学方法呢？一般来说，它应具备如下条件。

1.认同感

一种教学方法能否被接受者认同，直接影响到其作用能否卓有成效地发挥出来。如果教师所采用的教学方法既能使学生在理智方面认同，又能使其在情感方面认同，则说明这是一种优化的教学方法，否则就难以保证教学方法的实效。认同感是衡量最优教学方法的首要条件。

2.参与度

参与度主要指一种教学方法的使用过程中，教师与学生的参与程度及其积极性水平，以至师生关系是否融洽，能否心领神会地默契配合与协作，能否达到思维共振与感情共鸣。教学艺术的生发点便是师生在教学过程中的交流与合作，所以最优化教学方法应有较高的师生参与度，较好地体现教学的民主性。

3.综合化

最优化的教学方法必须克服每种类型方法的局限性，而在其功能、效果、手段等方面呈现出综合化特点。因为它综合了各种方法的优点和长处，所以才能发挥出整体最优的功能。不过，综合化不是面面俱到，而是集优化；也不是优点的简单相加，而是经过优化组合的新的整体。

4.时效性

时效性指最优化的教学方法既要取得最佳效果，又要达到最高效率，是高效果与高效率的统一。优质高效、省时低耗应当是现代教学方法追求的根本目标。那种效果虽好，但耗时太多；或效率虽高，但效果不佳的教学方法，不能算是最优化的教学方法。双效统一是衡量最优教学方法的又一尺度。

5.审美值

最优化的教学方法应该符合美的规律和原则，能给学生带来美的感受，从而使其本身也成为审美的对象。最优化的教学方法即是艺术性的方法，使用最优化教学方法进行教学就是一种艺术性的劳动，审美也就成为其不可缺少的因素。具有审美价值的最优教学方法注意寓教于乐，使学生在不知不觉中受到深刻的教育。

值得指出的是，这里所说的教学方法最优化不是脱离实际的"空中楼阁"和为艺术而艺术的"象牙之塔",而是牢固地建立在现实客观条件所提供的可能性基础之上的,是此时此地此情此景下的最优化,不能离开现有条件去盲目追求所谓的最优化,那是于教学艺术无益的。

第五章 小学语文教学重难点的设计与突破

第一节 教学重难点概述

教师讲课，贵在少而精。讲课面面俱到，不抓重点，不突破难点，就无法保证学生真正理解教学内容，教学目标也难以实现。

一、教学重点

理论界对教学重点的一种解释是，教学重点是指教材中一些最重要、最基本的知识，这种解释实际上是一种同义语反复。其实，教学重点是对知识性质的一种评价，是基于一定的标准而言的，这个标准就是知识在整个知识体系中的地位和作用。中小学多数学科是由具有严密逻辑结构和系统性的知识构成的知识体系。在知识体系中，不同的知识所处的地位和发挥的作用是存在着区别的。有些知识在整个知识体系中处于重要的地位，对它们的理解和掌握程度，影响、决定着对后续知识的理解和掌握，这些知识就是教学重点。因此，教学重点是指在所教学科知识体系中处于重要地位，对后续知识的学习和理解会产生重要影响的知识。这就意味着教学重点是一个绝对概念，它不会因教育者或教育对象的变化而发生变化。因为知识体系是确定的，不同知识在知识体系中的地位和作用也是确定的。

二、教学难点

对于教学难点,理论界基本取得了共识:教学难点是指教材中学生较难理解和掌握的部分。教学难点是相对于学生的理解力而言的,学生的理解能力有高有低,这就决定了教学难点是一个相对概念,因人而异。对某些学生而言是难点的知识,对其他学生来说则未必是难点。在班级教学条件下,教师确立教学难点的标准大多是基于中等水平的学生。教学难点的这种特性对教师至少存在着下列启示:一是确定教学难点并不是一件简单容易的事情,它要求教师对学生的接受能力有准确的把握;二是教师在解决教学难点的过程中,不仅要考虑到大多数中等水平学生的接受能力,还要考虑到其他水平学生的接受能力。

三、教学重点和难点的关系

教学重点和教学难点两者并不完全等同,教学重点未必是教学难点,原因在于两者所确立的依据不同:前者是依据知识在知识体系中的地位和作用;后者是依据学生的理解力。不过,两者有可能交叉重合,有些知识在知识体系中既有着重要的地位,对其理解与否会对后续知识的学习和理解产生重大的影响,同时它们也是大多数学生理解之困难所在。这些知识点就既是教学重点,也是教学难点。

四、教学重点、难点的差异性与统一性

(一)教学重点与教学难点的差异性

教学重点主要取决于整个教材内容的结构体系,换句话说,教材所要求达到的目的和任务是确定教学重点的主要依据。它既是教师设计教学计划与课时计划的重要依据和指导方向,又是完成学生学习目标所必需的教学内容。由于教材知识与技能的结构体系是客观存在的,这就决定了学科或教材的教学重点同样具有相对的客观性和稳定性。教师只有抓住了教学重点的这个特性,才能克服和避免在确定教学重点过程中出现盲目性、随意性,有助于在实际的教学活动中做到重点突出,进而使学生的学习目标更加

明确。

教学难点虽然在一定程度上也取决于作为客观存在的教材内容，但主要还是取决于作为认识主体的学生与指导主体认识客体而在教学中起主导作用的教师，即主要取决于教师和学生各自的素质与实际操作能力，这也充分体现了教学难点具有相对的主观性和不稳定性。影响课程教学的因素不仅与教材内容本身的难易程度有关，更与教师自身业务素养以及作为教学服务对象的学生的身体与心理素质息息相关。对于相同的教材内容，如果教师较容易讲解、示范和组织教学，则不成为难点，反之则成为难点；同样对于同一项教材内容，绝大多数学生容易接受或完成，则不成为难点，反之则成为难点。了解教学难点这一特性，有助于教师克服确定教学难点过程中出现的盲目性和固定性，使教师能在实际教学过程中灵活运用各类方法去突破教学难点，使整个教学流程更加顺畅，从而进一步提高教学质量。

（二）教学重点与教学难点的统一性

通过前面的阐述可以了解到，就教学重点与教学难点的决定因素而言，它们之间有着本质的区别，但就完成教学任务和目标而言，它们之间又存在着相互促进、互为统一的一面。从某种意义上来讲，教学重点与教学难点是两个具有特定内涵的不同概念。在教学实践中，教学重点不一定是教学难点，而教学难点也不一定成为教学重点，二者相互区别，各尽其职，但在特殊的条件下却又存在一定的相似性，有时甚至互为一体。

另外，就整个教学体系而言，它们的相似性还体现在以下几个方面。首先，它们都要求在教学中起主导作用的教师必须熟悉新课标，深研教材教参，还要实际了解作为认识主体的学生的知识面和相关技能的实际操作能力等。其次，在常规的教学过程中，教师必须花费大量的时间与精力来合理选择、灵活应用各种方式方法以突出重点和难点，进而进行有效的教学，提高教学的效果和质量。最后，教学重点和教学难点都属于整个教材体系的主要内容，也是实际教学过程中做到合理组织教学所要考虑的重要环节，两者相辅相成。

第二节　小学语文教学重难点的设计

教师在进行教学设计时一定要注意设计好教学的重点和难点。教学重难点的设计有助于教师在教学过程设计、教学方法设计、教学评价设计以及实施教学设计过程中更好地突出重点和难点。小学语文教学重难点要依据一定的标准或在一定的前置性分析基础上进行设计。

一、依据语文课程标准进行设计

教师要熟悉语文课程标准，根据语文课程标准要求寻找重难点；要仔细研究语文课程标准，做到宏观上把握，微观上着眼，以完成语文课程标准要求，突破教学难点，完成教学任务。

二、依据教材分析进行设计

语文课程标准只是分析小学语文教学重点和难点的宏观、中观依据，只是指引教学重点和难点的大致方向。针对具体教材而言，教学的重点和难点各有具体性，需要依据前置的教材分析设计教学的重点和难点。

三、依据学情分析进行设计

在小学语文教学过程中，除了依据前面提到的语文课程标准、教材等确定教学重点和难点外，还要依据学情分析确定教学重点和难点。教师要根据班级的具体情况确定相应的教学重难点，要考虑学生的知识、能力和素质基础，综合考虑学生的已知、未知、应知和能知的情况，科学确定教学重难点。如低学段的教学重难点和高学段的不同，语文整体水平高的班级和语文整体水平较低的班级的教学重难点有区别，不同区域学生的教学重难点也有差异。

四、依据教学目标进行设计

此处所言的"教学目标"是指微观层次上的教学目标，即具体教学内容（章节、课文）的教学目标。一节课的教学目标其实就体现了该节课的重点和难点，但不是所有的教学目标都是重点和难点。

五、依据教学内容进行设计

一节课可以教的内容有很多，不同的教师对教学内容的设计不尽相同。一篇课文可教的内容包括作者生平、写作背景、识字与写字、课文主要内容、人物思想、写作表达方法等，但教学时间有限，不可能面面俱到，因此教学内容的设计是教师在分析教材的基础上必须做好的基本工作。比如，有的课文以学习写作表达手法为主要内容，那对应的，这种写作表达手法就可能是本节课的重点或难点，而作者的生平或写作背景就不大可能是重点或难点。

第三节　小学语文教学重难点的突破

教师在分析语文课程标准、教材、学情、教学目标、教学内容的基础上，确定了教学重难点之后，还需要在教学中突破重难点。小学语文教学重难点的突破一般有两种途径，一是方法上的突破，二是手段上的突破。

一、方法上的突破

突破小学语文教学重难点的方法是广义上的方法，并不单指语文教学方法，还包括一切教学方法之外不违背科学或生活常识的其他方法。

运用教学方法突破教学重难点最常见的例子是情境教学法的运用。例如，在讲授《地震中的父与子》一文时，为了让学生感悟父亲的了不起和父爱之伟大，教师引导学生抓住关键句"他挖了8小时，12小时，24小时，36小时，没人再来阻挡他"，启发学生想象当时的情景，在这罗列出来的漫长的时间中，父亲都做了些什么，可能碰到什么困难，他在想些什么……学生只有充分地感受到时间之漫长、过程之艰辛、境况之危险、父亲之执着，才能真正从这几个简单的数字中读出那震撼人心的如山父爱，也才能领悟作者罗列数字的深意。再如，在讲授《一个中国孩子的呼声》一文时，教师为了让学生体会小雷利失去父亲的痛苦，抓住"我们与爸爸相约，等爸爸凯旋的那一天，我们要带着最美的鲜花迎接他"一句，采用换位的方法，向学生提问："假如你是小雷利，爸爸凯旋以后，你想做些什么？"学生则展开想象的翅膀，憧憬着和爸爸团聚的幸福时刻：鲜花和礼物、一起散步、一起游玩、一起吃饭……让学生意识到，平日里自己根本没有在意的天伦之乐，对于小雷利来说都已经成为不可能，从而感受到小雷利失去父亲的痛苦。把学生推到文本主人公的位置上去思考、感受或抉择，这种感同身受，定能让学生更加深刻地感悟文本。

除了用情景教学法突破教学重难点外，也可在不同的场合运用其他各种教学法突破不同的教学重难点。教学方法的功能本来就包括突破教学重难点，因此研究不同教学方法的特点和功能，有利于教师运用教学方法实现突破教学重难点的目的。

二、工具或手段上的突破

（一）利用传统直观的教学工具或手段突破教学重难点

小学生尤其是低年级学生，正处于从具体的形象思维向抽象的逻辑思维过渡的发展时期，他们容易接受具体形象的事物。传统的教学工具或手段比较直观，运用这些直观的工具或手段，能较好地将学生的形象思维与抽象思维关联起来，更好地突破教学重难点。例如，人教版小学语文一年级上册《比尾巴》的教学重难点是理解句意，理解课文内容，知道六种小动物尾巴的特点，可以在教学过程中运用直观教具突破教学重难点。教师可以用彩色的卡纸做出六种小动物的模型来，而后结合新课导入与问题设计、板书设计，将六种小动物的模型贴到黑板上，让学生仔细观察小动物的尾巴，并结合动物模型训练学生的口语表达能力。低年级的学生抽象思维能力差，直观醒目的教具不仅能刺激学生的视觉，还能满足学生的好奇心与求知欲，激发学生的学习兴趣，使他们较快掌握文章内容，进而起到突破重难点的作用。

（二）利用多媒体教学工具或手段突破教学重难点

随着信息技术的发展，多媒体辅助教学已经越来越普遍，多媒体工具和手段的运用日益显示出其提高课堂教学效果的优势。多媒体工具和手段能在很多方面轻松突破教学重难点。

当传统的挂图、表格等机械型工具在突破教学重难点方面表现得无能为力或效果不明显时，多媒体教学工具和手段的技术优势就充分显示了出来。例如，在教"飞"字时，教师使用 Flash 动画展示一只在天上展翅高飞的鸟儿，鸟儿飞着飞着，身体就慢慢变成了"飞"字的形状。随后动画突出鸟儿的一双翅膀不停地扇动，慢慢地这对翅膀又变成了"飞"字的第二笔和第三笔。学生很快就记住了这个字，更重要的是对第二笔和第三笔的由来也有了深刻的印象。再如，《葡萄沟》这篇课文中有一段是介绍葡萄干制成过程的。对于从小在南方长大，没有到过新疆的二年级学生来说，文中介绍的制造葡萄干的"阴房"是什么样的，以及利用流动的热空气制造葡萄干的过程与方法就是本课的难点。仅依靠教师的讲解或者少数几幅挂图，是无法突破难点的。但如果巧妙地运用多媒体课件，出示多张不同角度的阴房图片，让学生了解其结构特点，并通过动画演示热空气的流动过程以及葡萄慢慢变成葡萄干的过程，就能很轻松地让学生明白课文中那些抽象难懂的文句，帮助学生准确理解课文的内容。

充分发挥多媒体手段的优势是现今小学语文教师突破课堂教学重难点的必然选择，这也要求小学语文教师要认真学习并掌握一定的多媒体辅助教学技术。

当然，任何一种方法或工具（手段）都只能在一定的范围、领域内对突破某项教学重难点有明显的效果，没有任何一种方法或手段在突破小学语文课堂教学重难点时是通用且高效的。教师必须根据实际情况，尤其是依据学情和技术条件，针对性地选择可用的、能用的、合适的方法或手段去突破教学重难点。

第六章　小学语文作业设计

知识二维分类框架给小学语文作业设计提供了科学依据。这一分类框架从知识种类维度将知识分为事实性知识、概念性知识、程序性知识和反省认知知识四种类型，从认知过程维度将知识分为记忆、理解、运用、分析、评价和创造六种水平。

作业水平的高低不是从知识种类的角度来划分的，事实性知识、概念性知识、程序性知识、反省认知知识这四种知识本身没有水平高低的区别，任何一种知识都可以是较低水平的记忆认知，也可以是较高水平的创造认知。作业水平的高低要从认知水平高低的角度来划分。高水平作业来自高水平的认知，低水平作业来自低水平认知。

科学化的小学语文作业设计既要考虑到知识的种类又要考虑到不同知识种类的不同认知水平。

第一节　小学语文作业设计与认知水平

一、认知的记忆水平

学生要解决复杂的任务就必须记忆一定量的知识，如果没有对一门学科基础知识的清晰记忆就很难进行深入的学习。同样，在学习过程中，知识的记忆对于有意义的学习和解决问题是必要的。学生要学会写文章，就必须掌握一定的普通单词拼写知识，学会运用单词组成文章。

根据记忆的目的可以将记忆分为积极的记忆和消极的记忆，积极的记忆是一种有意义的学习，消极的记忆是一种机械的学习。教师的教学观不同，对记忆持有的教学态度也不同。如果教师强调的是机械学习，那么其教学就会强调知识的要素或细节的记忆；如果教师强调有意义的学习，那么其教学过程中有关知识的记忆就会被整合到建构新知识或解决问题的过程中，这样知识的记忆就不是简单的机械记忆，而是一种有意义的积极的记忆形式。

记忆的心理过程通常分为再认和回忆。

再认涉及从长时记忆系统中提取相关知识以便将它与呈现的信息进行比较，主要作业设计形式为证实、匹配和被迫选择，对应判断题、单选题和多选题。

回忆涉及在给予提示的条件下，从长时记忆中提取适当知识，主要作业设计形式为问答题和填空题。

根据细节的丰富程度，知识的再认和回忆的提示条件可以分为低提示条件和高提示条件。

低提示条件，指提供单一的孤立事件，题目未给学生提供任何暗示或相关信息。

高提示条件，指任务包含在问题中，题目给学生若干暗示，如"记叙文要素有时间、地点、人物和事件，其中事件又包括事件的起因、事件的经过和事件的结果"。

二、认知的理解水平

知识的记忆是学习的基础，但对知识的学习不能仅仅停留在记忆的层面。如果教师在教学过程中将主要的教学目标确定为对知识的保持，那么他在教学过程中必然强调记忆的目标。但当一位教师将教学目标定位于促进能力的迁移时，其教学的重点就会转移，改变以记忆为目的的教学。

理解的过程是从各种材料信息中建构意义的过程。理解，即将要学习的新知识与原有知识建立联系，是输入的知识被整合进原有图式和认知框架中的过程。因为概念是这些图式和框架的建筑砖块，所以概念性知识为理解提供了基础。为迁移而教的一个最重要的内容就是理解。

理解可分为七种类型，即解释、举例、分类、概要、推论、比较、说明。

（一）解释

解释是将信息从一种表征形式转化为另一种表征形式。例如，用现代语言对一句古诗进行翻译，或者用一个成语来描述一张图画的内容。

在教学过程中，解释的具体形式有以下几种：

从语言到语言的解释，如写注释；

从图画到语言的解释，如根据一张图写出一段话；

从语言到图画的解释，如根据一首诗画一张画；

从数字到语言的解释，如将数字说明的内容改成用语言描述的内容；

从语言到数字的解释，如将一段用语言描述的文字改用数字进行说明。

在小学语文教学过程中，解释的具体作业形式有看图说话、名词解释等。在进行解释类作业设计时，教师需要注意的问题是，让学生完成的解释任务必须是新的、原来没有教授过的内容。如果解释任务不是新的内容，而是学生已经学过的内容，那么解释就会成为记忆，对学生认知能力的评价就变成了对记忆的评价而不是对解释的评价。

（二）举例

举例是就一般概念或原理说出一些具体的例子，是对概念或原理的具体理解，如让学生说出一首符合七言律诗特点的唐诗。

举例的具体作业形式有说明问答题、单项选择题等。

教师需要注意的问题是，在给予学生某个概念或原理让学生必须举出一个具体的例子时，这个例子必须是未教授过的。如果是已经教授过的例子，对学生的评价内容就是记忆而不是理解。记忆和理解是两种不同的认知水平，它们对学生的认知结构发展分别具有不同的意义。

（三）分类

分类是将某个事物归属于某个类目。

分类与举例是一个互补的过程：举例是给出概念或原理，要求学生找出具体事例或例子；分类是给出具体事例或例子，要求学生发现一般概念或原理。

分类的具体作业形式有事实到原理的说明题、连线题等。

给学生一个事例，要求必须产生一个与例子相关的概念或原理，这是一个建构反应任务的过程；给学生一个事例及多个概念，要求将例子与概念建立联系，这是一个选择反应任务的过程。

（四）概要

概要是指学生用一句话表达呈现的信息或抽象出一般主题。

概要的具体作业形式有看文写标题、阅读理解题，理解题也可以选择题的形式出现。

在小学语文作业中，写概要的形式有很多，如写文章的要点、找关键信息、画出关键词等。

（五）推论

推论就是从一组例子或事例中抽出概念或原理，即在一系列例子或事例中发现模式。

推论过程涉及在整体背景下比较事例间的关系，形成一定的规律。推论不同于归属，归属是确定作者的意图，推论是基于呈现的信息推导出一个模式。

在小学语文作业设计中，推论的具体作业形式包括完成任务、类比任务、奇特任务等。

完成任务的作业设计：给予学生一系列项目，他必须完成下一个。

类比任务的作业设计：类比形式如 A 到 B 如同 C 到 D，"国家"到"主席"如同"省"到"＿＿"。

奇特任务的作业设计：如给予 3 个项目，确定哪一个是不同类的，首先得确定采用什么概念或原理，这个被确定的概念或原理可以由教师事先提出，也可以由学生自己提出。

（六）比较

比较是确定两个观点或客体之间的一致性。在比较中，当教师提供新信息后，学生应当查明它与较熟悉的知识的对应性。

在小学语文作业设计中，比较的具体作业形式有对照、匹配、映射，如一个客体、观念、问题或情境怎样与另一个相对应。

（七）说明

说明是建构一个系统的因果模型，如说明某个历史事件发生的原因。

在小学语文作业设计中，说明的具体作业形式有说明现象、改进设计和预测能力。

三、认知的运用水平

运用指在给定的情境中执行或使用某程序。一般情况下,运用涉及使用程序完成练习或解决问题,因此运用与程序性知识密切相关。

运用分为执行和实施:执行就是把某一程序运用于熟悉的任务。执行前,学生一般知道要用什么程序性知识。执行水平的作业设计要注意练习变式的使用。实施是指把某一程序运用于不熟悉的任务。面对不熟悉的任务时,学生要先确定使用什么程序性知识来完成这个任务。

问题解决的过程一般分为三步,即问题的表征、设计问题解决计划、执行问题解决计划。

第一步,问题的表征。问题的表征又分为两小步,一步是问题的字面理解,一步是问题的深层理解。问题的字面理解是读懂描述问题的每一个句子,这里涉及语词知识和事实知识。问题的深层理解指在问题表层理解的基础上,进一步把问题的每一陈述综合成条件、目标统一的心理表征,这里又分为两个方面,一个方面是识别问题类型,另一个方面是区分问题中的有关信息和无关信息。问题的深层理解要求学生具有与问题相关的图式,如古诗鉴赏的图式、议论的图式、说明的图式、情感的图式等。

第二步,设计问题解决计划。将终点目标分解成一系列子目标,子目标受总目标的调节和控制。问题解决的过程总是指向总目标。设计问题解决计划需要有相关的问题解决策略、构思策略、理解策略。

第三步,执行问题解决计划,即根据计划,沿着问题目标执行问题解决的过程。

四、认知的分析水平

分析是将材料分解,剖析其各组成部分之间的关系。在具体的教学过程中,分析可作为理解的延伸或者评价和创造的准备。分析包括区分、组织和归属。

(一)区分

区分是指确定适当的或重要的信息片段。

区分的作业设计包括以下几种情况:从无关信息中辨别出有关信息,或从不重要信息中辨别出重要信息,并且注意有关信息或重要信息;给出某种材料,请学生指出哪些部分是最重要或有关的;给出某种材料和多个选项,请学生选择哪一个或哪几个选项是最重要或有关的。

区分的具体作业形式是问答题、选择题。

(二)组织

组织是指信息片段联系、连接的方式。

在组织中,学生在呈现的片段信息之间建立一个系统的、内在一致的联结。组织经常和区分一起出现,学生应首先鉴别有关或重要成分,然后确定适合这些成分的整体结构。组织也可能与归属(重点在于主体的意图和观点)一起出现。

组织的具体作业形式有问答题和选择题。

(三)归属

归属是指信息的潜在目的。

归属出现在学生能够弄清隐藏在交流材料中的观点、偏好、价值或意图时,涉及在超越基本理解之后延伸至推测隐藏在呈现材料中的观点或意图(可能涉及不同角度看待材料)。

归属的具体作业形式为给学生呈现材料,请学生建构或选择作者、演讲者的观点、意图的描述。

五、认知的评价水平

评价是依照标准作出判断。最常用的标准是质量、有效性、效率和一致性,包括核查和评判。

核查是指内在的一致性判断。核查涉及检测一项运作或产品的内在一致性、谬误。如当学生检测某一结论是否符合其前提条件,数据是否支持假设或呈现的材料各部分是否自相矛盾时,核查就出现了。当与计划(创造)和实施(运用)相联合时,核查涉及确定计划执行得如何。核查的具体作业形式为在解答一个问题或完成一项任务的背景下,判断实施过程整体的一致性。

评判是指基于外在标准的评判。评判是依据外加的标准或规格对一个产品或某一过程所做的判断。评判依据正面的或负面的标准，或者兼用两种标准得出正面或负面的结果。评判的具体作业形式为要求学生评判自己或其他人的假设、创造。

六、认知的创造水平

创造有两个方面的含义，一是将要素加以组合以形成一致的或功能性的整体，二是将要素重新组织成为新的模式或结构。

创造过程包括生成、计划和产生，现简述如下。

生成：始于发散思维阶段，此时学生在努力理解任务，并考虑多种可能的解答。生成涉及表征问题和提出满足特定标准的假设或备选方案。当生成超越先前的知识和现有的理论边界或限制时，它涉及发散思维并成为创造性思维的核心。生成的具体作业形式为结果性任务、使用性任务。结果性任务要求学生必须列出某事件的所有结果；使用性任务要求学生必须列出物体所有可能的用途。

计划：发散思维阶段后是聚合思维阶段，此时学生设计出解答方法并将它转化为行动计划。计划是指设计某种解答方法以满足问题的标准，也就是开发出一套解题规划。学生可以明确地建立子目标或将任务分解为解题时要完成的子任务，也可以内隐地执行建构产品的过程（教师直接陈述目标给学生）。计划的具体作业形式为请学生拟定解题方案、描写解答计划、选择给定问题的解答计划。

产生：此时，学生执行计划，同时建构解答。产生涉及执行计划以满足某种规定。

第二节 小学语文作业设计与知识种类

一、小学语文事实性知识的作业设计

（一）小学语文事实性知识作业设计分类

事实性知识是学生通晓一门学科或解决其中的问题所必须知道的基本要素。事实性知识通常是一些与具体事物相联系的符号。大多数事实性知识以相对较低的抽象水平出现，学生比较容易理解。但是事实性知识传递着重要信息，学生需要通过这些信息展开进一步的思考，以解决复杂的学科问题。学生要通晓某个学科或解决其中的问题，就必须知道这些基本元素。在具体的学科学习过程中，学生不可能掌握全部事实性知识，这就要求教师在教学过程中对事实性知识作出选择。

在洛林·安德森的二维知识分类表中，事实性知识分为两种，一种是术语知识，一种是具体细节和元素知识。

术语知识包括特殊语言的和非语言的符号，如数字、标记、图画、习俗、约定等。每个学科都有大量的标记和符号，学科与这些符号紧密相连，离开这些符号，人们甚至不能理解或思考该学科的很多现象，学生必须认识这些标记、符号，以及它们指称的共同接受的对象。

具体细节和元素知识指事件、地点、人物、时间、信息源等知识。在学科课题中，具体细节和元素知识包括某些事件、地点、人物、日期和其他细节，这些信息代表该课题的重要知识，是描述和思考学科领域问题的基本信息。

小学语文学科的术语知识包括拼音字母表的知识、笔画知识、字体结构知识等，只有掌握了这些知识，学生才有可能顺利地进行语文课程的学习。这类事实性知识在小学语文课程中所占比重不高，主要通过记忆来完成。语文学科中的具体细节和元素知识如每一篇课文所包含的某些事件、地点、人物、日期和其他细节，在小学语文课程中所占比重较高。

1.术语知识作业设计

【作业设计一】

读一读，背一背。（按顺序读三遍，然后试着打乱读。）

韵母 ｛ 单韵母（6个）：a o e i u ü

复韵母：ai ei ui ao ou iu

声母（23个）：b p m f d t n l g k h j q x zh ch sh r z c s y w

整体认读音节：yi wu yu zhi shi ri zi ci si

【作业设计二】

读一读，写一写，认识下列笔画的名称：点（丶）、横（一）、竖（丨）、撇（丿）、捺（㇏）。

【评析】

作业设计一是在学生学完汉语拼音后，巩固学生对汉语拼音的读音和字母的学习，其知识类别属于事实性知识中的术语知识，要求学生识记"单韵母""复韵母""声母"和"整体认读音节"。作业设计二是为了让学生初步认识汉字笔画的名称，也属于事实性知识中的术语知识。从认知过程的维度看这两道作业设计都属于识记层面。

2.具体细节和元素知识作业设计

【作业设计一】

课文《北京的春节》的作业设计：北京的春节有哪些老规矩，给你印象最深的规矩有哪些？

【作业设计二】

课文《将相和》的课后练习设计：默读课文，想一想故事的起因、经过、结果，再用自己的话讲讲这个故事。

【评析】

这两道作业题检查的是学生阅读完课文对课文内容所涉及的细节的掌握情况，即阅读教学中对文本的理解情况。这类关于文章内容的理解属于知识二维分类框架中的事实性知识。掌握这类知识是学生阅读能力形成的第一步。通常人们所说的"筛选信息"这一教学环节的主要目标是让学生通过阅读获得这类知识。

作业设计一中的"哪些老规矩"是比较简单的内容筛选，学生只要读懂了课文就基本上可以完成这道作业。作业设计二中的"想一想故事的起因、经过、结果"所指的就是事实性知识，它所涉及的是课文的具体细节，与作业设计一的知识类型一样。"默读课文"和"讲讲这个故事"则是与技能练习有关的题目，属于程序性知识。

（二）小学语文事实性知识作业设计的认知过程分析

1.记忆水平的事实性知识作业设计

【作业设计一】

《三打白骨精》选自我国古典文学四大名著之一的《_____》，书中的主要人物有_____、_____等。

其余三部名著是：

《_____》，其中主要人物有_____、_____等；

《_____》，其中主要人物有_____、_____等；

《_____》，其中主要人物有_____、_____等。

【作业设计二】

背诵古诗，补充下列内容。

湖光秋月两相和，潭面无风_____。

_____，白银盘里_____。

【评析】

作业设计一是较常见的语文事实性知识作业设计题，属于最低的认知水平，即事实性知识的记忆水平。

作业设计二从认知过程的维度分析，也属于记忆的层次。记忆的层次分为两种，一种是再认，一种是回忆，这道作业题属于回忆。在再认型的作业中，学生的认知活动是对信息进行识别，即从长时记忆系统中找到与呈现材料一致的知识；在回忆型的作业中，学生的认知活动是提取，即从长时记忆系统中提取相关知识。回忆型作业的难度要比再认型作业的难度大，教学过程中教师可以根据内容和学生的基础状况进行选择。

2.理解水平的事实性知识作业设计

【作业设计一】

我国古代诗歌的宝库里有许多与月亮有关的诗句，请你填一填，并写出你所填的第四题的诗句所表达的感情。

①野旷天低树，_____。

②_____，低头思故乡。

③可怜九月初三夜，_____。

④_____，_____。

【作业设计二】

在括号中填上正确的选项。

①登黄鹤楼，临江远眺，我们会想起（   ）。

②春雨绵绵，侧耳倾听，我们会想起（   ）。

③驻足长城，远望塞外，我们会想起（   ）。

④漫步江滩，俯视江涛，我们会想起（   ）。

⑤隆冬时节，梅园赏花，我们会想起（   ）。

A. "随风潜入夜，润物细无声"的名句。

B. "待到山花烂漫时，她在丛中笑"的名句。

C. "孤帆远影碧空尽，唯见长江天际流"的名句。

D. "但使龙城飞将在，不教胡马度阴山"的名句。

E. "百川东到海，何时复西归"的名句。

【评析】

作业设计一是让学生从理解的层面来进行事实性知识练习，前面三小题都有提示材料，从认知层面来说属于记忆练习，最后一小题则是一道理解性的记忆练习。最后一小题要求学生写出的两句诗必须是古诗，必须与月亮有关，还要求写这句诗所表达的感情。如果只凭单纯的机械记忆没有充分的理解，学生很难完成这道练习。

作业设计二要求学生在比较的基础上完成这道事实性知识的作业，对两个知识点进行对照、匹配，从而形成完整的意义。就认知层次上说，作业设计二属于理解水平。

3.运用水平的事实性知识作业设计

【作业设计】

阅读《景阳冈》这篇文章后，从文章中找出描写武松打虎时的动作的词语，通过这些动作可以看出武松怎样的性格特征？

【评析】

此作业设计需要学生完成两个认知任务，第一个任务是搜索寻找事实性知识，第二个认知任务是用搜索到的事实性知识完成新的任务，即从这些事实性知识中分析武松的性格特征。该作业设计的认知水平属于对事实性知识的运用层次。

4.分析水平的事实性知识作业设计

【作业设计一】

苏轼和好友张怀民夜游承天寺，请问他们不可能看到什么景象？

A. 小斋幽敞明朱曦

B. 提灯的萤火虫

C. 在松针稀疏处闪烁的小镇灯火

D. 慈乌夜啼

【作业设计二】

《冬阳·童年·骆驼队》是小说《城南旧事》的序言，读完这篇序言后，根据文章对作者童年生活描写的一些细节分析作者为什么对自己的童年生活久久不忘。

【评析】

作业设计一要求学生对已提供的事实性知识进行区分，重新归属，找出归属不同的一项，属于分析水平的事实性知识作业设计。"朱曦"是指早晨红色的阳光，既然是夜游就不可能看到早晨红色的阳光。

作业设计二要求从文章的细节中发现一致性，进行整合，以明确这些细节对文章所表达的情感作用。这两道作业设计对认知的要求提高到分析层次。

5.评价水平的事实性知识作业设计

【作业设计】

《草船借箭》描写了周瑜哪些语言动作，试根据这些语言动作的描写对周瑜的性格进行评价。

【评析】

此作业设计涉及两种认知行为，一是找出周瑜的语言动作，二是通过这些语言动作的描写评价周瑜的性格，即要看出周瑜的语言动作与其性格存在一致性。这道作业是检测学生对事实性知识的掌握是否达到了评价水平。

6.创造水平的事实性知识作业设计

【作业设计一】

《船长》一课的作业设计：

> 船长哈尔威屹立在舰桥上，一个手势也没有做，一句话也没有说，随着轮船一起沉入了深渊。人们透过阴森可怖的薄雾，凝视着这尊黑色的雕像徐徐沉入大海。

如果你是哈尔威船长，此时此刻，你内心会想些什么？把你的内心所想用文字写出来。

【作业设计二】

阅读马致远的词《天净沙·秋思》："枯藤老树昏鸦，小桥流水人家，古道西风瘦马。夕阳西下，断肠人在天涯。"根据词中所描述的景物，结合自己对这首词的理解运用联想、想象的方法构思一个与这首词的意境相同的画面，并用文字进行描述。

【评析】

作业设计一要求学生在文本已提供的信息的基础上进行想象，即从既有的事实性知识中构建出新的知识。这道作业设计可以检测学生事实性知识的创造水平。

作业设计二也是一道要求学生运用在阅读过程中获得的事实性知识进行创造的练习。

二、小学语文概念性知识的作业设计

（一）小学语文概念性知识作业设计分类

概念性知识涉及类目、分类和它们两者或多者之间的关系，是一种较为复杂的、有组织的知识形式。概念性知识有三种形式，一是分类和类目的知识，二是原理和概括的知识，三是理论、模型和结构的知识。

分类和类目的知识：每一个题材（或教程）都有对其信息的分类，包括类目、类别、部分和排列，不但可以用来发现新成分，还能用于处理已发现的新成分。与术语和事实不同的是，分类和类目在两个或多个成分之间建立了联系。分类和类目的知识普遍反映了专家如何思维和解决问题的方法（是如何分类，而不是分类下的具体细节）。信息适当分类和经验进入适当类目是学习和发展的经典指标。

原理和概括的知识：原理和概括是由分类和类目构成的，这类知识对于描述、预测、解释或决定采取最适当的行动具有极大价值。原理和概括把大量具体事实和事件组合起来，描述这些具体细节之间的过程和关系，也描述分类和类别之间的关系，使专家以经济和融会贯通的方式将部分组合成整体。

理论、模型和结构的知识：理论、模型和结构的知识包括原理、概括及其组合成相互联系的知识，对复杂的现象、问题或题材呈现一种清晰、完整、系统的观点，侧重于将原理和概括以某种方式相联系，从而形成理论、模型和结构。

小学语文教学中的分类和类目知识有拼音的分类、各种文学的知识、文体的分类、修辞的分类等，如唐诗中的律诗和绝句的区别、小说的构成要素等。例如，在进行一篇故事性较强的作品教学时，要从情节、人物和背景的角度对这篇作品进行类目的划分。这里要对作为具体细节和元素知识的事实性知识与分类和类目的知识进行区分。从一般的叙事性作品的角度看，情节属于分类和类目的知识，但从具体的某一篇课文看，某一篇叙事性作品的情节则属于具体细节和元素知识。

小学语文教学中的原理和概括的知识包括某种文体的概念、某种修辞方法的概念等。

小学语文教学中的理论、模型和结构的知识包括原理、概念组成的相互联系的知识，具有清晰、完整、系统的观点，如阅读、写作的图式和模型。

【作业设计一】

下列句子，属于比喻句的一项是（　　　）。

A.他仰望着空中的燕子，仿佛他的心也一起飞上了蓝天。

B.读书之余，我喜欢养些易种易活的自己会奋斗的花草。

C.幸亏红领巾帮助了我，要不然我不知道还要吃多少苦头。

D.雪后的原野上，梅花点点，每一朵都是一首精美的诗。

【评析】

这道作业题检查的是学生对比喻这种修辞手法的掌握情况，如果按照认知水平的层次来分，属于概念性知识的分析水平，即从提供的材料中将无关的东西区别开来，对有关的内容进行选择。该作业设计涉及两种认知行为，一是区分，二是选择。区分的标准是"比喻"的概念定义，选择的标准是是否符合"比喻"概念的定义。

【作业设计二】

在下列四个动作里，哪一个没有"拍"的意思？

A.打球　　B.打寒噤　　C.打人　　D.打比方

【评析】

这道作业题是检测学生对"拍"这个概念的理解程度，要求学生从不同语境中对"拍"的词义进行区分。从认知发展水平看，该作业设计属于分析层次。

（二）小学语文概念性知识作业设计的认知过程分析

1.记忆水平的概念性知识作业设计

【作业设计一】

唐诗中的绝句有哪两种形式，各有什么特点？试各举一例进行说明。

【作业设计二】

慧禅创作了一首五言绝句投稿《东峰青年》，已知稿费是以每字5元来计算（不含标题、标点符号和笔名），请问慧禅一共可以获得多少稿费？

A.100元　　B.140元　　C.200元　　D.280元

【评析】

作业设计一是检测学生对绝句这一唐诗体裁的掌握情况，要求学生根据记忆说出绝句的两种形式，一种是七言绝句，一种是五言绝句。只要学生掌握绝句的形式特征就能正确回答这个问题。"举一例进行说明"是根据绝句的形式特征找出一首符合其特征的诗，其认知水平属于概念的运用层次。

作业设计二检测学生对五言绝句的形式的掌握情况，要求学生根据五言绝句的特征得出正确的答案。这两道作业练习的主要目的是检测学生对概念记忆的准确程度，属于较低层次的认知水平。

2.理解水平的概念性知识作业设计

【作业设计一】

为了更加了解小令、中调、长调在字数上的相关规定，某同学依照语文教师的推荐，到图书馆借阅《草堂诗余》这本书来当参考。请问这位同学应该到哪一类书架上去找，才能找到这本书？

A.近体诗　　B.词　　C.曲　　D.新诗

正确答案：B。小令、中调、长调都是词。

【作业设计二】

给下面的"发"字选择正确的解释，把序号填在括号中。

发：①交付，送出；②表达，说出；③尽量地用出；④启程，出发；⑤感觉，觉得。

A.夜发清溪自三峡（　　）

B.他发烧了，今天不能来上学。（　　）

C.我们上课要积极发言。（　　）

D.我们主动帮老师发作业本。（　　）

【评析】

作业设计一是检测学生对"词"这一概念的理解情况，首先要知道"小令、中调、长调"属于词这一文学体裁，其次还要知道《草堂诗余》是一本研究词的著作。

作业设计二涉及两个认知过程，一是说出词义，二是辨析在不同句子中的含义，涉及认知发展的理解水平。

3.运用水平的概念性知识作业设计

【作业设计】

阅读《将相和》《草船借箭》《景阳冈》等三篇文章，运用从这三篇文章中学到的语言和心理描写方法去描写一个人物。

【评析】

此作业设计检测学生运用语言和心理描写手法描写人物的能力，属于运用水平的认知层次。

4.分析水平的概念性知识作业设计

【作业设计一】

就你对孔子的认识，你认为他的性格应该是：（　　）

A.争强好胜，表现欲强　　　B.优柔寡断，多愁善感

C.公正无私，博爱仁慈　　　D.处处桃花，风流文雅

【作业设计二】

做下列哪个动作时，左手和右手并不会交叠相碰？

A."攀"上月台　　　B.为子"祈祷"

C."抚掌"大笑　　　D."揖"让而升

【评析】

作业设计一是让学生根据自己掌握的知识对人物的性格特征进行归类，属于分析水平的概念性知识作业设计。作业设计二是对动作概念的分析，要求学生对"攀""祈祷""抚掌""揖"这几个手部动作进行区分，然后找出不属于同一类的动作，也属于分析水平的概念性知识作业设计。

5.评价水平的概念性知识作业设计

【作业设计一】

通过阅读《草船借箭》，你可以看出周瑜的性格有什么特点，他的这一性格特点在他和诸葛亮的交往中起到什么作用？

【作业设计二】

试从下面两句话的比较中分析一般肯定句和反问句在特定语境中的表达效果有什么不同。

（1）我们怎么能言而无信呢？

（2）我们不能言而无信。

【评析】

作业设计一要求学生对周瑜的性格特征进行评价，并且要求学生能够结合周瑜和诸葛亮的交往过程来评价周瑜的性格。作业设计二是让学生对肯定句和反问句这两种句式进行分析，要求学生从表达效果的角度理解其差异，属于评价水平的概念性知识作业设计。

6.创造水平的概念性知识作业设计

【作业设计】

"人闲桂花落，夜静春山空。月出惊山鸟，时鸣春涧中。"读后，根据这首诗所描写的内容，发挥想象，运用描写、比喻等方法写一段"夜静春山"景物的文字。

【评析】

此作业设计属于创造水平的概念性知识作业设计，学生要完成这一任务首先要能在原有诗意的基础上生成一幅图景，然后对这幅图景进行加工，产生新的图景。与原诗的图景相比，学生新产生的图景融入了学生的视觉、听觉、心理体验。

三、小学语文程序性知识的作业设计

（一）小学语文程序性知识作业设计分类

程序性知识是指如何做事的知识。事实性知识表征的是"什么"，程序性知识关涉的是"如何"。程序性知识通常以一系列要遵循的步骤的形式出现。

程序性知识反映不同的过程，而事实性知识和概念性知识反映结果（是什么）。与反省认知知识不同，程序性知识涉及具体学科，即不同学科有不同的程序，反省认知知识是所有学科的一般性认知知识。

程序性知识包括技能与算法、技术与方法、何时运用。

技能与算法：程序性知识可以表达为一系列的步骤，可能是固定的，也可能需要作出决定，但最终的结果一般是固定的。如 2+2=4，不管步骤和算法如何，结果都是 4（计算错误除外）。

技术与方法：和技能与算法不同，技术与方法强调学科专家怎样思考和解决问题，而不是结果。强调解决问题的思路，以及要用到的工具等知识。

何时运用：何时运用适当程序的知识是程序适当运用的重要前提条件。领域专家用于解决问题的知识已经系统化或条件化了，他们拥有帮助他们决定何时何处运用不同程序性知识的标准。何时运用的标准各不相同，对学生来说可能是复杂和抽象的，只有当它们与具体情境和问题相联系时，才会获得意义。

小学语文教学中的程序性知识通常包括技能知识，如根据汉字构字法来学习汉字，根据词语的结构来理解词语的意思等；语文技术和方法的知识，如记叙、描写、说明、抒情等方法的运用；决定何时运用适当程序的标准的知识，如决定要写几类文章中哪一类（如说明文、记叙文、议论文）标准的知识。

（二）小学语文程序性知识作业设计的认知过程分析

1.记忆水平的程序性知识作业设计

【作业设计】

请说出运用部首检字法查阅字典的步骤。

【评析】

此作业设计是一道典型的记忆水平的程序性知识作业设计。这类作业设计对学生的认知发展水平有一定的要求，如果认知水平较低，学生有可能难以掌握这些程序。教师在进行程序性知识的教学时要让学生对每一步骤都有清晰的认识。

2.理解水平的程序性知识作业设计

【作业设计】

说话需要得体，陈述句、反问句、祈使句、否定句的使用要根据不同场合的语境特点。请依据文段内容，在横线上补全语句，使语言得体。

超市里，一位营业员发现有位顾客买青菜时，把菜叶剥掉了许多，于是，她走上前去，对这位顾客说："同志，＿＿＿＿＿＿＿＿。"

A.你这是干什么？不能再剥了　　B.把菜放那儿，不卖了

C.你不能这样买菜，影响多不好　　D.小心点，别把菜叶碰掉了

【评析】

这道作业设计检测的是学生能不能在特定的语境中选择正确的表达方式,即在特定的场合下选择合适的表达语气,属于理解水平的程序性知识作业设计。

3.运用水平的程序性知识作业设计

【作业设计一】

检查一个句子是否有错误要遵循一些程序,如检查句子结构是否完整、句子成分是否完整、句意是否矛盾等,试用你学过的检查句子是否有错误的程序对下面两句话进行分析,如有错误请进行改正,并说明错误的原因。

(1)我国的人口是世界上最多的国家。

(2)做眼保健操,可以防止眼睛不近视。

【作业设计二】

改写句子。

(1)缩写句子。

父亲不慌不忙地从抽屉里取出一把闪亮的手枪。

(2)把陈述句改为反问句。

没有比锻炼身体、增强体质更重要的事情了。

(3)把下面的引述句改为转述句。

老班长说:"我没有完成任务,没把你们照顾好。"

【评析】

作业设计一是运用修改病句的程序来改正句子的错误,属于运用水平的程序性知识作业设计。

作业设计二也是运用水平的程序性知识作业设计。改写句子都有一些规则,这些规则是具体程序性知识的体现,正确地运用这些规则就能解决问题。

4.分析水平的程序性知识作业设计

【作业设计】

下面各句属于哪种说明方法,把序号填入括号内。

A.下定义　　B.作比较　　C.列数字　　D.打比方

(1) 表示人或事物名称的词叫名词。(　　)

(3) 石拱桥的桥洞呈弧形,就像彩虹。(　　)

(4) 桥长265米,由11个半圆形的石拱组成,每个石拱长度不一,自16米到21.6米不等。(　　)

(5) 近几年来,全国造了总长二十余万米的这种拱桥,其中最大的孔,长达150米。(　　)

【评析】

此作业设计是对四种说明方法进行区分,然后将它们分别与具体的实例匹配,即将某一个句子归属到某一种说明方法。题目检测的是分析水平的程序性知识。

5.评价水平的程序性知识作业设计

【作业设计】

小明在某刊物上发表了一篇300来字的短文,他把这一消息告诉了同学,希望大家与他共同分享快乐。这时,小军却不以为意地说:"就这么小的一个豆腐块啊?"你认为这句话说得恰当吗?如果你认为说得不恰当,请你以恰当的方式来向小明表示祝贺。

【评析】

此作业设计首先要求对小军的话是否得当作出评判,其次在评判的基础上选择正确的表达方式表示祝贺,属于评价水平的程序性知识作业设计。

6.创造水平的程序性知识作业设计

【作业设计一】

班里组织了郊游活动,但你的父母不同意你去,你会怎样说服父母?

【作业设计二】

一辆车子疾驰而来,张强为了救一个摔倒在地的小孩,不幸被车子压伤了腿,住进了市人民医院,星期日你去看他,你准备用什么样的语气表达你内心的感情?

【评析】

这两道题都属于创造水平的程序性知识作业设计。作业设计一要求运用正确的说服方式解决实际情境中的问题,通过对特定情境的分析提出说服计划并在实际中实施。作业设计二是要求根据特定的情境选择合适的表达方式进行创造性的表达。

四、小学语文反思性知识的作业设计

（一）小学语文反思性知识作业设计分类

反思性知识指关于认知的知识，又称反省认知知识。约翰·弗拉维尔是较早对反思性知识进行研究的心理学家。他认为，反思性知识包括策略、任务和个人变量的知识。在安德森的知识分类理论中，反思性知识包括策略性知识、关于认知任务的知识、自我知识。

1. 策略性知识

策略性知识是有关学习、思维和解决问题的一般策略的知识，主要包括学习策略（复述、精加工和组织）、反省认知策略（用于计划、检测和调节自己的认知）、问题解决策略（适合于结构不良问题的解决）。

小学语文学习中的策略性知识主要有以下几种：

第一，复述信息的策略；

第二，内容记忆的策略；

第三，释义和写概要的策略；

第四，列提纲或画结构图的策略；

第五，目标导向策略；

第六，自我反思策略。

2. 关于认知任务的知识

关于认知任务的知识主要指的是学生对任务本身的难度、深度、广度的理解和认识。学生在学习过程中对于不同的任务要采用不同的学习策略。不同认知任务的难度不同，可能对认知系统有不同的需求及策略，如回忆任务比再认任务难得多。条件性知识是针对不同的任务情境选择不同的思维策略的知识。

小学语文学习过程中关于认知任务的知识主要有以下几种：

第一，回忆性任务要比再认性任务难，因而回忆性任务对学习者的记忆系统有较高的要求。

第二，简单的记忆任务只需要复述知识。

第三，精加工策略可以使学生对文本的理解更加深刻。

第四，策略性知识运用的时机问题。

3.自我知识

自我知识是学习者对自身认知优点和缺点认识的知识，包括个人的一般认知知识和关于自身的动机信念，如学习者知道自己在某些领域有较丰富的知识，而在另一领域缺少某些知识。自我知识是知觉自己与学习和认知有关的个人的优缺点，如学生知道他自己擅长做选择题，而不擅长做问答题。个人对自己知识的深度意识是自我知识的一个重要方面。学生要意识到在不同的情境中很可能要依靠不同类型的一般策略，意识到自己过分依赖某一特殊策略。当有更适合的策略时，这种意识能促使学生改进策略。个体需要发展有关自身的动机意识和自知，动机包括个人的价值与兴趣的信念、个人目标、自我效能感。自我认知的精确性对学习尤为重要，只有精确地知道自己的"所知"和"不知"才能正确地指导学习。

小学语文学习过程中的自我知识主要有以下几种：

第一，对自己语文基础、语文兴趣的认识。

第二，对自己在学习语文过程中较擅长的认知方式的认识。

第三，对自己语文学习目标的认识。

【作业设计一】

学完古诗《题西林壁》和《游山西村》后，让学生为自己设计一道作业题。

【评析】

该作业设计侧重考查反思性知识。学生在完成这道作业的过程中必须运用反思性知识来解决：学这两首古诗的目标是什么？学完之后是否达到了这个目标？怎样检测自己是否达到了这个目标？这些知识都属于学习过程中的反思性知识。这道作业题给学生留下了较开放的问题空间，不同的学生会从不同的角度得出不同的答案。

生1：我打算抄写这两首古诗，并进行背诵和默写练习。

生2：我打算把这两首古诗的意思说一说，并把其中蕴含的道理写下来。

生3：我想根据这两首古诗的内容画一画。

生4：我想收集这两位诗人（苏轼、陆游）其他的诗来吟诵。

生5：我想收集整理其他说明一定道理的古诗。

生6：我想整理跟这两首古诗所说明的道理有关的例子。

【作业设计二】

在学完了《卖火柴的小女孩》《凡卡》《鲁滨孙漂流记》这几篇小说后，总结归纳小说梗概的方法，并用这种方法写出小说《汤姆·索亚历险记》的梗概。

【评析】

作业设计二检测的是写概要这种精加工策略知识。运用"写概要策略"给小说《汤姆·索亚历险记》写梗概，是运用水平的策略性知识作业设计。

（二）小学语文反思性知识作业设计的认知过程分析

1.记忆水平的反思性知识作业设计

【作业设计】

学习小说的时候运用复述的方法能较好地理解小说的内容，想想自己复述小说情节一般会从几个方面入手，会注意哪几个问题，一般情况下会有哪些步骤。

【评析】

此作业设计是一道记忆水平的反思性知识作业，检测的是学生是否具有反思的意识，反思性知识的一般程序有哪些。记忆水平的反思性知识作业设计是较低水平的反思性知识作业设计。在小学低年级阶段，学生还不具备反思性思维能力的情况下，教师可以尝试将反思性知识作为记忆水平的知识让学生初步掌握，在记忆的基础上慢慢学会在实践中运用。

2.理解水平的反思性知识作业设计

【作业设计一】

结合实例分析记叙文阅读中的精加工策略有哪些步骤？

【作业设计二】

童话阅读中的复述策略与精加工策略有哪些不同？

【评析】

理解的过程就是意义建构的过程。作业设计一检查的是学生对记叙文阅读理解精加工策略的理解程度。记叙文阅读过程中的精加工策略包括写出文章的概要、记叙线索的整理、对人物形象进行分类、中心思想的归纳方法等。

作业设计二让学生对同一种类型作品阅读的复述策略和精加工策略进行比较，找出其异同，从而在学习过程中更好地运用这两种策略指导自己阅读。

3.运用水平的反思性知识作业设计

【作业设计一】

运用列提纲的方法分析《草船借箭》这篇文章的内容。

【作业设计二】

给五年级下册第二组课文的学习列出目标,并依据所列目标制订阅读步骤。

【评析】

运用就是使用程序解决问题。运用水平的反思性知识是在理解水平的反思性知识的基础上形成的。运用水平的反思性知识涉及两个认知过程——执行和实施,执行是对反思性知识的练习,即运用反思性知识解决熟悉的任务;实施是运用反思性知识解决陌生的任务。

作业设计一检查的是学生能否运用列提纲的方法完成熟悉的任务。完成这个任务需要三个条件,一是掌握列提纲的方法,二是知道运用列提纲的方法分析文章内容,三是具备运用列提纲的方法分析文章的能力。

作业设计二检查的是学生是否具有通过目标定向学习的能力。该作业要求学生具备以下能力:一是知道学习目标在学习过程中具有重要意义;二是知道从哪些角度来确定目标;三是能结合具体的学习内容来确定具体的学习目标。

作业设计一和作业设计二都是运用水平的反思性知识作业设计,不同的是作业设计一是完成熟悉任务的反思性知识,作业设计二是运用反思性知识解决陌生问题。

4.分析水平的反思性知识作业设计

【作业设计】

作文前打腹稿对作文水平的提高有很大帮助,结合自己的作文经历说说打腹稿一般有哪几个阶段,在各个阶段你分别完成了哪些任务。

【评析】

此作业设计中的"打腹稿"实质上是对作文材料的初步加工和组织,如作文素材的选择、作文结构的安排、作文文体的选择、大概字数、写作时间等。

5.评价水平的反思性知识作业设计

【作业设计】

在背诵《匆匆》这篇文章时,有"复述"和"精加工"两种记忆的方法让你选择,你准备选择哪一样?你认为这两种方法的长处和短处分别是什么?

【评析】

评价是依据标准作出判断，评价的认知过程分为核查和评判。此作业设计要求学生对"复述"和"精加工"两种记忆的方法作出评判，知道哪一种策略适合深度学习。

6.创造水平的反思性知识作业设计

【作业设计】

制订一份本学期的课外阅读计划，要求列出阅读目标、阅读内容、阅读任务完成之后需要达到的结果。

【评析】

创造分为真创造和类创造，以学习为目的的创造属于类创造，小学生语文学习过程中的创造是一种类创造。创造的认知过程有生成、计划和产生。此作业设计要求学生就本学期的课外阅读拟订一份计划，属于创造水平的反思性知识的学习。

第七章　小学语文教学评价的设计与实施

第一节　教学评价概述

教学评价设计是教学设计的一个非常重要的环节。在一门课程的教学中，如果科学评价缺位，则该课程的管理就会落空。

长期以来，语文课程教学评价方面存在不少问题，这些问题集中表现为教学评价的目的片面、教学评价的范围狭窄、教学评价的主体单一，以及教学评价的手段贫乏等。在教学评价的设计与实施过程中普遍存在简单化和唯量化等弊端。一是过分强调学生学业成绩在评价中的分量，将学生的学业成绩作为衡量教学效果和评价具体课程教学设计的唯一或核心指标，有将评价与考试等同起来的趋势。二是过多强调量化评价手法，淡化或漠视定性的评价。过分强调量化评价的方法而排斥其他评价方法会导致评价方式单一，进而产生评价内容越来越少的结果。三是教学评价的主体单一，教学评价的主体通常是教师或学校，学生往往只是评价的对象，这导致评价主体未能多元化，评价的结果具有局限性。

一、教学评价的含义、功能与分类

（一）教学评价的含义

教学评价就是对教学工作质量和教学效果进行分析与评定。小学语文教学评价就是以小学语文教学目标为依据，运用有效的科学技术手段，对小学语文教育教学过程和结果进行分析与评定的活动。

（二）教学评价的功能

教学评价在教学中具有诊断作用、激励作用、调节作用和引导作用。通过多形式的有效评价，教师可以了解教学的综合情况，可以发现教学过程中存在的问题，还能用以解释学生学习效果不好的原因，此谓诊断作用。评价本来就具有监督和强化的作用。教学评价可以对学生起到激励作用，评价结果或评价记录对激发学生的学习兴趣和动机具有其他教学要素所无法替代的作用。教学评价结果让教师与学生都知道教与学的情况，教师可以根据评价结果调整教学设计，学生可以根据评价结果调整学习进度、方法和态度，从而实现教与学的自主调节。教学评价的引导作用主要表现在评价结果或评价记录好的教师、班级，对其他教师、班级可以起到示范效应；获得好的评价的教学行为或过程，可以引导教师同行或学生学习、效仿，进而推动教学的整体发展。

（三）教学评价的分类

1.按照教学活动中发挥的不同作用而分类

按照教学活动中发挥的不同作用，教学评价可以分为诊断性评价、形成性评价和总结性评价三类。

诊断性评价是指在教学活动开始前，对评价对象的学习准备程度作出鉴定，以便采取相应措施使教学计划顺利、有效实施。学期开始时的摸底考试就属于诊断性评价。

形成性评价是在教学过程中，为调节和完善教学活动，保证教学目标得以实现而进行的确定学生学习成果的评价，如课堂中的口头提问和书面测验。形成性评价的主要目的是改进、完善教学过程。

总结性评价是以预先设定的教学目标为基准，对评价对象达成目标的程度即教学效果作出评价。总结性评价注重考查学生掌握某门学科的整体程度，概括水平较高，测验内容范围较广，常在学期中或学期末进行。总结性评价是在一个相对较长的学习阶段，如一个学期或一门课程结束时，对学生学习结果进行的评价。总结性评价的使用次数一般不多。

2.按照参加评价的主体不同而分类

按照参加评价的主体不同，教学评价可以分为单一主体评价和多元主体评价。单一主体评价是指评价的主体是单一的，通常是教师（学校）。多元主体评价则是指评价的主体有多个，一般包括教师（学校）、学生、家长以及第三方评价机构等。

3.按照评价方法的不同而分类

按照评价方法的不同,教学评价可以分为定性评价和定量评价。定性评价是对评价对象作出价值判断的评价方法。评定等级、写出评语等是常见的定性评价。而定量评价则是对评价对象在某个方面以数值方式作出的评价,如考试评分。

二、教学评价的基本原则

(一)全面性原则

全面性原则是指在进行教学评价时,要对组成教学活动的各方面做多角度、全方位的评价,而不能以点代面,一概而论。全面性原则有两个基本要求:一是要求关注学生的全面发展,而不仅是关注知识和技能的教授;二是不仅要重视教学目标中知识与能力目标的实现,还要关注情感态度与价值观目标的实现。

(二)发展性原则

发展性原则就是在新课程实施过程中,开展的课堂教学评价应是动态的、积极的、面向未来的。发展性原则要求不能采取静态的、功利的教学评价方式,不能简单地通过评价单纯地给教师评优评差或评分定级、对学生进行鉴别和选拔,而倡导使用多样、灵活的评价标准去衡量教师的课堂教学。

(三)科学性原则

科学性原则是指在进行教学评价时,要从教与学相统一的角度出发,以科学的教学目标体系为基础,确定科学的评价标准,选择科学的评价工具,使用科学的测量方法和统计手段,依据科学的评价程序进行评价。

(四)指导性原则

指导性原则是指在进行教学评价时,不能就事论事,而要把评价和指导结合起来,要对评价的结果进行认真分析,从不同的角度找出因果关系,确认评价结果产生的原因,并通过及时的、具体的、启发性的信息反馈,使被评价者明确今后的努力方向。

三、基本教学评价方式之"评的基本方式"

评的基本方式涉及教育教学的大方向问题,涉及工作重心问题,涉及教的水平问题,涉及学的水平问题,涉及课堂上和课堂后的延伸问题,涉及常规管理的系统优化问题,涉及一个学校或一个区域的教育教学质量问题,等等。它所涉及的领域十分广阔,调控的难度系数也相对较大,是学科专业与教育职业结合的一个高地。

在教育教学活动中,评的基本方式要求做到及时、准确、客观、公正,而且在规范性、科学性、稳定性、参与面和相应的比例关系等方面,也有特别的要求。其中,经常性涉及和需要把控好的内容范畴有如下方面:

知道如何检测自己、评价自己或评价其他人在教育教学常规领域中改革的基本走向和水平状况。

知道自己的差距在哪里,具体差距有几个级差,如何才能做到有自知之明,而不是空洞地泛泛而谈。

知道自己先进在哪里,先进到什么程度。

知道学生的学习方式,并知道如何补救、强化,如何应用。

知道从本节课的相关内容了解学生过去相应的学习状况,在教育发展上,在人才培养上,在教学活动中,对边缘人员的关照与对优势人员的关照都是同等重要的。

知道如何利用人力资源、表达呈现、约定等方式方法快速检测学生在关键内容上的学习状况。

知道课堂的强化次数与该不该布置作业或布置作业多少的关系。

知道如何在开放式的教学问题上,处理思维向度和功能转换度的数量、质量、速度等关系。

知道学生写的速度、记忆速度、阅读速度等方面的状况,以及可操作性明显的训练手段。

知道在记忆曲线的有效时间范围内,用什么方式方法进行及时的强化。

知道是谁、用多少时间、用什么形式完成的作业。

知道单元组与团队的联系、区别。

知道如何在课堂上有效地恢复学生学习的体力、精力,使其保持旺盛的学习热情。

知道兴趣、动机、效应的概念和调控周期。

知道兴趣、爱好、特长的区别。

知道如何通过多向度等来满足大多数学生的优势学习特征。

知道怎样才能把写教案、说课或上课、反思等不同类型的教学教研活动的规范化要求落实到位，力求把"三基本"（教的基本方式、学的基本方式、评的基本方式）、"三合一"（教、学、评三合一）、"三检测"（前测、中测、后测）、"三到位"（教案设计到位、说课或上课实践到位、反思到位）落到实处，并能在同事之间、团队之间、学校之间进行有效的交往。

知道如何在同学科之间、不同学科之间、不同学段之间、大中小学之间进行具有职业化水准的往来，并能在一起进行以职业化标准为主的学习探讨交流活动。

知道好学生、好教师、好学校、好教育的标准，并能进行中长期的结构性操作。

知道并较熟练地调控单元组活动、团队活动、社团活动、社区活动、社会活动。

知道用什么方式方法和策略才能有效地继承中国教育传统的精华：教学相长、有教无类、因材施教、三人行必有我师……

知道讲授灌输式与其他方式方法或不同学科专业的比例关系。

第二节　小学语文教学评价的设计

一、小学语文教学评价方式

在小学语文课堂教学过程中，教师避免不了要对学生进行评价，学生在学习过程中也想及时听到教师对他学习表现的评价。因此，如果课堂评价运用得好，对于营造学习氛围、激发学习兴趣、调动积极思维、增强克服困难的决心具有不可低估的作用。在小学语文课堂教学中，评价的方式是多种多样的，其中主要有教师的评价、学生自我评价和学生间相互评价。

（一）教师的评价

教师积极的语言评价是滋润学生心田的雨露，是抚慰学生心灵的春风；教师消极的语言评价会扼杀学生的创新精神，所以语言评价应受到广大教师的重视。教师的语言评价应充满爱心、充满灵性、充满智慧、充满尊重、充满信任、充满幽默与风趣。

1. 多一点诙谐与幽默

教师风趣幽默的语言必将在潜移默化中影响学生，从而有助于学生良好人文素质的养成。学生们都喜欢幽默的教师，这样的教师能给学生以亲切、平易近人的感觉。如果教师把幽默恰如其分地用到课堂中，就会拉近与学生的距离，形成良好的课堂气氛。

2. 多一点宽容与理解

与传统教育相比，现代教育使我们越来越深刻地认识到学生资源的发现和利用是教育生命的希望所在。只有用宽容的眼光去理解学生，去保护学生稚嫩纯真的心，教师的评价语言才会宽容、亲切、真诚，才会让学生感受到教师对他的尊重与赏识，从而增强他们继续超越自我的信心。

（二）学生自我评价

自我评价是自我意识的组成部分，是个人能力结构中一种非常重要的能力。自我评价能够消除被评者本身的对立情绪和疑虑，调动他们参与评价的积极性。

学会自评有利于学生对自己形成一个正确的认识。在教学中，在学生朗读、讲故事、做小老师和合作学习等过程中，教师要引导他们对自己的表现作出判断，逐步由概括性评价向具体、客观的评价发展，提高学生的自我监控能力。教师平时要鼓励学生进行自我反思、自我比较，找出自己的进步和不足。这样，学生可以在反省中不断完善自我，使个性得到健康发展。

（三）学生间相互评价

在实际教学中，教师要经常鼓励学生进行相互评价。学生的评价语言要适当、合理、明确、有针对性，而不要过于系统。在这一点上，教师需要耐心地指导学生，逐步培养学生的是非判断能力和，提高学生的评价水平，而不能急于求成，要求学生一步到位。学生是学习的主体，学生间的相互评价不仅能提高学生思考问题、分析问题、理解问题和判断问题的能力，还能培养学生自信、勇敢的品质，增强学生学习的动力。

课堂上，合理使用不同的评价方式，不仅能提高学生学习的积极性，更能在发展学生语言能力的同时,发展学生的思维能力,激发学生的创造潜力。在课堂教学中,教师不管采用哪种评价方式,都要注重每个学生的感受,以激励为主,敏锐地捕捉学生的闪光点,并及时给予肯定和表扬。每一次评价都要让学生感受到教师和同伴心诚意切、实事求是的态度。教师要激励学生积极思维,营造一种热烈而又轻松和谐的学习氛围,把学生引导到评价中去,调动所有的学生关注评价、参与评价,使学生在评价中交流,在交流中学习,在学习中进步,共同提高,全面发展。

二、小学语文教学评价设计的具体环节

教学评价设计需要从具体环节上考虑。小学语文教学目前常见的评价环节包括课堂教学评价和学期教学评价两大类。广义上的教学评价包括课堂教学评价、学期教学评价和其他学段评价;狭义上教学评价仅指课堂教学评价,尤其是指单节课的教学评价。笔者结合广义与狭义的教学评价范围,将小学语文教学评价设计具体限于内容设计、主体设计、方法设计和工具设计等几个环节,并从这几个环节讨论如何进行小学语文教学评价设计。

(一)小学语文教学评价内容的设计

小学语文教学评价首先要解决的前提性问题是评价的内容是什么。小学语文教学评价的内容非常宽泛,对评价内容的设计不可能面面俱到。教学评价内容的设计要充分考虑评价的目的。小学语义教学评价的内容可以分为两大类,一类是针对教师"教"的行为、能力、过程和效果的评价,这类评价的内容至少包括教学目标、教学内容、教学方法、教学过程、教学效果、教师能力和教学态度等几个方面;另一类是针对学生"学"的学习行为、学习能力、学习态度、学习过程和学习效果的评价,这类评价是下文重点讨论的。教学设计就是从教师视角出发,为学生的"学"而做的设计。从这个角度看,小学语文教学评价设计的内容大致包括学生学习语文的行为、学习语文的能力、学习语文的态度、学习语文的过程,以及学习语文的效果五个方面。

1.学生学习语文的行为

美国教育学家埃德加·戴尔的"学习金字塔"理论,将语文课堂上学生的学习行为分为八类:①听(教师讲、读或布置任务,个别同学朗读或发言,小组汇报、录音,等

等）；②读（多形式的集体朗读、师生领读等）；③看（视频、课件、图片、教师板书或示范、个别同学演练或展示等）；④演（集体演练、个别学生上讲台展示或练习、课本剧等）；⑤其他（作业订正，汇报交流，背诵、默写课文或其他学习材料等）；⑥议（带着任务读或思考、主动质疑、同桌或小组讨论）；⑦践（当堂练习、实验操作、模拟运用、游戏活动、知识整合、学习迁移）；⑧教（小组互教、同桌或邻桌互教）。

学生学习语文的行为贯穿学习语文的全过程，据之可以考查学生的学习态度，表现学生的学习能力，还能影响学生学习的效果，因此学生学习语文的行为必当属于小学语文教学评价内容之一。

2.学生学习语文的能力

教育的真正意义不在于让学生获取一堆知识，而在于培养学生的学习能力，使学生学会学习。"学会学习"已成为当代一种全新的教育观。学校应培养学生主动学习的动机，引导他们自觉、积极地参与教育的全过程，使他们在今后的学习和工作中，具有适应不断变化的社会的能力。

语文学习能力是一种包括多种一般能力的特殊能力。它是指直接影响语文学习活动效率，使语文学习任务得以顺利完成的独特的心理特征。它强调的是掌握语文知识技能的动态过程。

从系统论和现代信息加工理论的观点出发，学习过程实际上是一个信息加工的整体系统，包括吸收信息、输出信息、反馈信息和评价信息。因此，学习能力就应包括吸收、运用信息的能力。语文学习也是一个信息的吸收、贮存、处理、输出的过程。吸收信息的能力包括查字典、听话、阅读、做读书笔记等；运用信息的能力包括说话、写作等。这些因素相互影响，综合起来构成统一的整体。

考查学生学习语文的能力，可以从侧面考查学生学习语文的态度和学习语文的过程。学生学习语文的能力还能反映学生学习语文的效果。学习语文能力的提升其实也是学习语文取得好的效果的一种体现。

3.学生学习语文的态度

态度是一个人对待某一事物的倾向性，通常表现为积极或消极、热情或冷淡、好或坏，是一个人做事成功与否的重要因素。学习态度是中小学生态度体系的核心内容，又是诸多非智力因素的核心内容。学生学习语文的正确态度就是要明确学习语文的重要性，在学习中培养良好的习惯，有学习语文的积极性和主动性。学生学习语文的态度直接影响甚至左右其学习语文的行为，影响其学习语文的过程，进而影响其学习语文能力的提升，最终影响学习语文的效果。

4.学生学习语文的过程

学生学习语文的过程是实现语文教学目标，实现学生学习与发展的核心过程，是教师与学生双向互动的一个动态过程。在这个动态过程中，学生基于某种态度，实施一定的学习行为，提升语文学习能力，取得某种学习语文的效果。离开学习语文的过程，学习的行为、态度、能力与效果都无从谈起。因此，学生学习语文的过程是小学语文评价设计需要重点关注的内容。

5.学生学习语文的效果

学生的学习效果一直是教育评价的关键部分，是衡量教育教学质量的重要指数。学生学习语文的效果是集中反映语文教学目标实现程度的核心评价因素。如果将学生学习语文的态度、行为、过程视为过程性因素，那么学生学习语文的效果就是结果性因素。如果将学生学习语文的能力视为学生学习语文效果的一种表现的话，那么在简化评价的情形下，甚至可以只用评价学生学习语文的效果这一项内容就可以大致实现语文教学的评价目的。

（二）小学语文教学评价主体的设计

1.教师（学校）评价

教师（学校）评价最为常见，也是小学语文教学评价中最为基础的教学评价，这种评价甚至是很多学校和教师终身采用的唯一的一种教学评价方式。

教师（学校）对学生在课堂上的表现最为清楚，所以教师（学校）有权对学生在课堂上的话语、行动、认知水平、学习态度，以及学习能力进行评价。教师（学校）作为评价主体可以对全班（体）学生进行评价，可以对部分学生进行评价，也可以对学生小组进行评价，更可以对学生个人（体）进行评价。

教师（学校）是小学语文教学评价必不可少的评价主体，但不应该是唯一的主体。

2.学生评价

学生作为学习主体，应该成为教学评价的主体。小学语文教学评价设计应努力融入学生评价。学生评价可以弥补教师单一或单向评价的不足，有利于教师综合地、全面地了解教与学的情况，也有利于激发学生参与学习的兴趣，提高学生学习的主动性和积极性。

3.家长评价

这种评价主要是学生家长根据自己孩子学业成绩或者升学情况来对教师（学校）的教学进行评价，具体表现为社会舆论。教师在设计教学评价的时候要引导家长积极主动地关注学生的学习行为、态度、能力、过程与效果，以获取家长视角的评价信息，进而诊改并指导教学。

小学语文教学评价设计应关注评价主体的多元化，注意将教师的评价、学生的自我评价及学生之间的相互评价相结合，加强学生的自我评价和相互评价，促进学生主动学习、自我反思。评价要理解和尊重学生的自我评价与相互评价，尊重学生的个体差异，使每个学生都能够健康发展。根据需要，可让学生家长、社区、专业人员等适当参与评价活动，争取社会对学生语文学习的更多关注和支持。

（三）小学语文教学评价方法的设计

小学语文教学评价方法要实现多样化的改革目标。教学评价方法设计的指导思想是：测试型评价和质性评价兼顾，同时大力开展质性评价。常见的教学评价方法有以下六种。

1.测试

在提供质性评价的同时，教师必须认识到，测试仍然是日常教学的一种常见的评价方法。

设计教学评价方法的时候，教师应当注意改革测试内容，改变测试题型，有效发挥测试的诊断、调整、激励和甄别功能，审时度势，准确把握测试时机，同时还要提高测试设计与实施的专业化水平。

2.测量

教师虽然重视测试的评价作用，但是常常忽视测量的特殊作用。在语言教学中，态度测量、情绪测量、一般智商的测量，都会对改进教学有明显的影响。同时，此种测量方法还能够使学生更加了解自己。

3.观察

课堂教学可以采取五种观察方法：结构严密的系统观察法、生态学观察法、人种学观察法、同步等级界定观察法、非正式观察法。

4.调查

观察是在活动过程中同步采集信息，调查则是在活动之后采集信息。行之有效的调查方法有问卷和访谈两种。问卷和访谈都需要掌握一定的专业技术,教师实施此类调查很有必要。

5.成长记录袋

成长记录袋也可以称为档案袋。成长记录袋具有收集、选择和反思功能,即学生从收集的所有作业中,选择存入档案袋的材料(可以是他们认为特别有价值的东西),然后对自己的成品和相关表现进行反思。

6.轶事记录

轶事记录就是对某一时间、地点和环境下发生的行为进行持续的客观描述。此种方法可以用于学生执行解决问题的任务或项目时的质性评价。这项评价活动可以由教师来做,但是笔者认为更应该让学生进行,长期做这件事可以有效地促进学生的反思能力。

(四)小学语文教学评价工具设计

1.核查表

教师将他(她)期待的具体行为以列表方式提供给学生,学生个人或小组可依据自己的表现在检查表中勾画,进行自我评价。

2.教学评定量表

教学评定量表用数字表示学生课堂行为(已发生的)的等级,如用5、4、3、2、1来确定期待行为的活跃程度:5表示特别活跃,4表示比较活跃,3表示中等活跃,2表示不够活跃,1表示很不活跃。

3.图示评定量表

图示评定量表,即用一条水平线或垂直线组成量表,表示在一个连续体上对学生行为的客观等级描述。

4.实物

实物就是真实的物品。教师可以根据所教内容选择不同的实物,如文具、交通工具(玩具交通工具)等。这些真实的物品都可作为评价工具。

5.图片

使用的图片也要根据所教的内容选择,如动物图片、人体部位图片、颜色图片、交通工具图片、饮料图片、食品图片、水果图片等。

6.贴片

贴片是较低学段教学过程中使用较多的一种评价工具,如动物贴片、人体部位贴片、颜色贴片、饮料贴片、食品贴片、水果贴片、文具贴片、交通工具贴片等。这些评价工具均需根据教学内容来选择使用。

7.标志

在课堂教学中，教师经常将一些标志，如笑脸、哭脸、五星、花朵、彩旗、奖章、胸章等作为评价工具。

8.数字

数字作为评价工具，更多的是结合数字教学来使用。

9.简笔画

除以上几种评价工具外，教师在课堂上经常结合教学内容使用简笔画作为评价工具，如画文具、动物、人体部位、食品、交通工具等。

三、发展性教学评价

（一）发展性教学评价的提出

教学评价是对教学效果进行的价值判断，它直接作用于教学活动的各个方面，是教学工作的一个重要组成部分。随着社会的发展、认识与实践的不断深入，传统教学评价的局限性日趋明显，如评价主体单一、评价内容片面、评价方式单一、评价标准单一、对评价结果的处理比较盲目等。

我国发展性评价的提出正是为了解决传统教学评价中存在的诸多问题。评价不仅要关注学生的学业成绩，而且要发现和发展学生多方面的潜能，了解学生发展中的需求，帮助学生认识自我，建立自信，促进学生在原有水平上的发展，发挥评价的教育功能。

（二）发展性教学评价的特点

1.开放性

新课改非常强调学生能力的培养，而能力的衡量尺度必然是多元的，所以发展性教学评价目标的设计必然要突破传统的以认知为导向的评价目标的设计，融入更多非认知的能力衡量维度；即使在认知目标中，也要求加强理解、综合、应用等高级思维技能的培养，这使得发展性教学评价目标的确定具有开放性的特点。

发展性评价要求学生具有一定的自我评价能力，教学评价设计应该给予学生制定和使用评价标准的机会，使他们在思考和反思中发展自身的技能，让他们对评价的进程和质量承担责任。此外，家长参与学生的教育越多，学生越能体验到成功的乐趣，所以教学评价设计需要考虑家长的参与，使家长成为学生学习的帮助者。因此，发展性教学评价的主体选择也具有开放性。

传统评价往往通过考试、测验等手段进行，而新课改要求开展多样化的评价活动，但是一些探究性教学评价活动是无法在课堂环境和国家规定的若干课时内完成的，所以发展性评价的时空环境也是开放的。

2.诊断性

选拔性评价最大的特点是它的评价目的只是评价实践个体之间的差距并作出排序，而发展性教学评价要求实践主体在教或学的过程中通过不断地评价和反思，确定自己或他人的状态，找出存在的问题，制订解决问题的方案等。学生应该知道如何回答和解决诸如"完成了哪些学习任务""已经取得了哪些进步""我们如何才能得到提高"之类的问题。通过发展性教学评价，教师对教学计划、教案、教学模式等有了更好的理解，教学能力也得到了提高。

3.过程性

发展性教学评价是一种循序渐进的、逐层深入的、关注学习者学习过程的评价模式，是贯穿教学活动始终的。能力的形成具有过程性，以评价能力目标完成情况为主要内容的发展性评价也必然要具有过程性，才能起到以评促教、以评促学的目的。

4.可控性

发展性评价的目标、主体、时空环境、工具等都比传统教学评价复杂，有利的一面是评价方法和评价模式比传统教学评价丰富，不利的一面是控制因素比传统教学复杂。和任何优秀的教学评价理论一样，发展性评价并不是无所不包的评价理论，评价活动的开展一定要依据特定的评价目标、评价情境、评价模式，这些都是可控因素，也是进行发展性教学评价设计的基础。

（三）发展性教学评价的对象

发展性教学评价的对象和发展性教学评价的客体是不同的。发展性教学评价的客体是和主体相对的，一般是教师、学生、团体等具有教或学过程和产品生产能力的实体；而发展性教学评价的对象是指教或学的过程和产品的载体，它的产生具有多重约束因素。评价是一个价值判断的过程，而价值是和时空直接相关的，因此一个具体的评价活动是不能脱离具体的时空情境的，评价对象必然受情境因素影响。针对一个活动来说，它的参与者可能会发生变化，对评价来说，教学评价的对象也会发生变化。

（四）发展性教学评价设计

1.评价目标设计

与传统教学评价的评价目标相似，发展性教学评价的目标也是教师预期的学习结果。但是与传统教学评价相区别的是，发展性教学评价目标更加丰富多彩而不仅仅局限在某些知识点的掌握程度。教学评价目标可以是认知的、情感的、态度的、语言技能的、逻辑技能的等，很多是相互交错的，从而形成了一个教学目标域。

对于一个教学评价目标域来说，它的具体内容必然是非常丰富的。但是从时间和精力上考虑，教师们又不大可能去评价教学目标域里面的所有内容，因此教师需要从教学目标域中抽样选择适合当前教学需求的教学评价目标，形成教学评价目标子集。

教师把教学评价目标子集进一步细化以后，即可根据具体的预期教学结果进行具体教学评价活动设计。

2.评价标准设计

教学活动的情境设计为评价活动创设了所需的情境约束条件。刘尧教授在《论教育评价的科学性与科学化问题》一文中指出："教育评价不可能有全人类公认的、完全一致的评价标准，因为这种要求本身就是有悖科学化的……教育评价在一定的时空限度内，是具有相对的、公认的和一致的评价标准的。"发展性教学评价标准的创建也是依赖于教学活动情境的。随着评价的不断深入、评价者水平的不断提高或者其他评价约束条件的变化，评价标准也要进行相应的调整，而不是一成不变地应用于整个教学任务的始终。

3.评价流程设计

教学活动设计细化了教学模式中的学习任务，提供了详细的活动流程，设置了活动发生的教学情境。依附于教学活动的教学评价也同时具有流程性。教学活动流程设计还为教师选择合适的评价时机提供了指导。评价可以针对某个教学活动展开，也可以结合多个教学活动展开。一个评价活动的主体可以是单一的，也可以是多元的。评价主体通过评价活动进行反思，在不断自我反思中发展能力，同时评价主体还能对教学的每个环节提出反馈意见。

（五）发展性教学评价工具

发展性评价对评价主体的评价素养有一定的要求，在评价中应用一些评价工具帮助组织评价活动、展示评价过程、解释评价结果等，降低发展性评价的操作难度，将大大提高发展性教学评价的效率和效果。

1.电子学档

电子学档是按一定目的收集的反映学习者学习过程以及最终产品的一整套电子材料。电子学档在远程教学中展现的诸多优势日益引起人们的重视。

电子学档提供了教师和学生工作、学习情况的第一手资料。电子学档的持续性、累积性为实施发展性评价提供了过程性的参考。

电子学档内容的丰富性为多样化发展性评价方法的实施提供了实践基础，人们可以从多个维度、多个视角来观察评价对象的成长。交流能力、创新能力、批判性思维和反思能力的发展是当前我们通过电子学档的应用能直接观察到的要素，也是新课改下实施发展性评价的目标。

2.量规

量规是一种结构化的定性和定量相结合的评价标准，能从与评价目标相关的多个方面详细规定评级指标，用具体的可操作性的语言描述各指标范围下的不同绩效标准，具有容易掌握、操作性好、准确性高的特点。发展性评价非常需要类似量规的简单、灵活、易用的评价工具。

3.任务清单

任务清单，顾名思义就是有关教学任务安排的清单，它能清晰地规划一个任务包含的子活动。在发展性教学评价中，它能帮助师生以清单方式规划教学活动序列，设计相应的教学评价活动开展的情境，简洁明了。

第三节 小学语文教学评价的实施

一、小学语文教学评价方式的优化

传统的教学评价依据较为单一、片面，仅依据学生的学习成绩进行判断，这样的教学评价方式很容易扼杀学生的潜能，不能充分激发学生的主观能动性，因此要优化小学语文教学评价方式。

（一）实行多元化语文评价方式

教师要不断创新与探究语文评价的方式，打破传统的考核评价方式，增加语文实践教学考核评价。例如，通过创设课堂情境、开展朗读比赛、组织角色扮演等方式，从听、说、读、写四个方面来综合评价学生的语文学习能力，反馈教学信息，帮助学生了解自身在学习方面存在哪些问题，提出改进的方式，从而促使学生不断提升语言应用能力，将语文的理论知识与实践有机结合起来，激发学生对语文的学习兴趣。

（二）提高教师素养

教师要及时转变教学观念，不断学习、创新教学方法，与学生建立良好的沟通渠道，多给予学生正面积极的评价语言，并从自身做起，给学生树立一个正面的教师形象，让学生在教师言传身教的影响下，提高语文综合素养与应用能力。学校还要严格教师招聘条件，优化师资队伍。

（三）实行综合性评价

教师要改变评价观念，兼顾基础语文知识与学生的人文素养、审美情趣，不仅要夯实学生的语文基础，还要培养其创新精神与综合语文素养，即拓展评价内容，将学生的自学内容、口语交际、语文基础知识，以及实践活动的表现作为评价的内容，综合分析各项评分的占比情况，以此激发学生的创新意识，活跃学生的语文思维，培养健康高尚的人格品质。

（四）细化评价规则

评价项目越细化，越具有可信度与说服力，因此要细化评价规则，让评价体系更加有效，帮助教师全面了解学生的学习情况、学习态度与学习程度，从而制订更合理的、更有针对性的教学方法，满足学生的学习需求。首先，教师要从期中、期末、课上、课下四个方面来细化评价规则，在此基础上对学生的表现进行加分或减分，如学生在课堂上的表现是否活跃？是否认真完成课后作业？是否有语文学习方面的闪光点？是否能够遵守课堂纪律？是否能够对所学内容举一反三？是否掌握正确的学习方法……细化的规则更便于教师归纳、总结每个学生的学习状态与学习方面存在的问题。其次，教师还要定期对评分进行总结，梳理评价思路，以便完善下一个周期的教学评价。最后，教师还可以增加学生自评与小组互评的内容，让学生从参与者的角度总结学习中遇到的问题与经验，从而建立良好的教学反馈体系，为改良教学方法提供可靠的参考依据。

综上所述，小学语文教师要不断优化语文教学评价方式，全面提高学生听、说、读、写的能力，不断提升小学生的综合素养。

二、小学语文教学评价设计的实施

小学语文教学评价设计主要包括评价内容设计、评价主体设计、评价方式设计以及评价工具设计等。其中，评价内容设计是前提，其余的设计都建立在评价内容确定的基础上。评价内容的选择本身无所谓实施与否，因而讨论实施小学语文教学评价设计实际上是讨论在设计好内容之后，采用何种主体如何进行评价、采用何种方式实施评价、采用何种工具实施评价，以及采用何种评价机制实施教学评价等问题。

（一）多元主体参与小学语文教学评价

小学语文教学的任何一个时段都可以采取多元主体评价的方式。所谓多元主体评价，意指评价的主体是不同的。不同主体的评价可以分开进行，也可以联合进行；可以在前评价机制中采用，可以在中评价机制中采用，也可以在后评价机制中采用。多元主体评价的典型方式除教师（学校）本身的评价外，还包括学生评价、家长评价和第三方评价。

1.教师（学校）评价

（1）教师（学校）评价的形式

①教师（学校）单方组织的评价

教师（学校）单方组织的评价是指教师（学校）作为唯一主体进行的自我评价。

在教师（学校）单方组织的评价中，教师（学校）是唯一的评价主体，同时教师（学校）评价的对象是教师（学校）本身。综合来说，这种评价的主体与行为对象身份是同一的。这种身份同一或者混同的特点，决定了这类评价很难客观、公正。

②教师（学校）参与的评价

教师（学校）参与的评价是指教师（学校）作为联合评价主体参与的评价。参与评价既可以是教师（学校）作为组织方的评价，也可以是应其他评价主体的邀请参与的评价；既可以参与两个主体联合进行的评价，也可以参与三个及以上主体联合进行的评价。

在教师（学校）参与的评价中，作为评价主体的教师（学校）要么处于主导地位，要么处于辅助地位。不论是哪种情形，这类评价的行为对象都是教师（学校）本身。当教师（学校）作为处于主导地位的评价主体时，评价的结果与教师（学校）单方组织的自我评价几乎没有什么差异。即使教师（学校）居于非主导地位，那些处于主导地位的评价主体（机构或单位）也总是与教师（学校）有一定关联，这种形式上的主导地位并不能保证其作出客观、公正的评价。

（2）教师（学校）评价的要求

教师（学校）自我评价最大的弊端是难以保证客观性与公正性。不论是教师（学校）单方组织的评价还是联合其他主体进行的评价，在评价过程中，或多或少都存在扬长避短的现象。即使是效度、信度较高的教师（学校）的评价，社会认可度也不高。所以，教师（学校）评价现阶段主要用于学校查弱查漏、补缺补差。

教师（学校）评价不一定需要将评价的结果公之于众，如果不带有功利性倾向，扎实客观的评价对促进教师（学校）教育的可持续发展具有极大的意义。因此，对教师（学校）评价的要求，主要体现在明确评价的目的上，落实在评价结果的使用上。

2.学生评价

学生以评价的主体身份参与形成性评价，是评价改革的一个重点课题。

（1）学生评价的形式

学生评价分两种情况，一是学生评价学生，二是学生评价教师（学校）。其中，学生评价学生包括学生个人自评、小组互评和群体合作评价等形式。学生自评是学生个人针对自己的学习效果或过程进行的评价。小组互评和群体合作评价是多人合作评价的形式，这两种多人合作评价的主体是同一类主体，即学生。

（2）学生评价的要求

针对学生自我评价，教师应当在教学过程中有计划地培养学生的自我反思能力。教师有必要逐步培育和构建学生的有效评价行为，如及时采集个人表现的信息，记录自己的学习过程，学会进行自我监控，学会描述自己的学习行为等。

小组内部的合作评价是课堂形成性评价的难点。学生在课堂上是不太善于进行合作评价的，教师应当有计划地培养学生良好的合作评价行为。这需要一定的时间，需要教师在每节课上引导学生自主管理小组活动，自主实施小组评价任务，自主积累过程评价信息和实证材料。

群体合作评价因参与的人员增多而难度加大，但这样的评价对学生合作能力的培养更有意义。教师在进行全班合作评价时应进行周密的规划，准备更加完备的评价工具，提供更为详细、具体的指导，同时还应做好组织工作。此类评价活动实际上与教学活动是一体的，评价活动本身就包含着教学内容。

学生对教师（学校）的评价要客观。学生可以对教师的教学方法、态度、能力等方面进行忠实的评价，切忌带情绪进行有失公允的评价。

3.家长评价

家长评价是学生家长单方组织或参与的评价。

（1）家长评价的两种情形

①家长单方组织的评价

家长单方组织的评价是指家长作为唯一主体进行的评价。

②家长参与的评价

家长参与的评价是指家长作为联合评价主体的评价。家长作为联合评价主体的时候可能与教师（学校）一起进行评价，因此家长参与的评价与教师（学校）参与的评价常常重合，区别在于哪方作为组织方或主导方。

（2）推行家长评价的要求

在教师（学校）教育教学质量评价中，家长评价不可缺位。缺少家长的评价将导致教师（学校）教育评价具有局限性，影响培养全面发展人才目标的实现。家长的评价影响大，作用大，必须进行规范，在规范中鼓励，在鼓励中规范，以期更好地发挥家长评价的作用。

4.第三方评价

第三方评价在国外已经成为常态,美国、德国、英国和澳大利亚等国家在评价教育过程中,都不同程度地采用了第三方评价。第三方评价因其典型的独立性、客观性而广受推崇。

教师（学校）教育教学的第三方评价属于典型的社会评价。从特性上看,第三方评价是独立于政府教育行政主管部门和教师（学校）的外部评价。

（1）第三方评价的类型

从评价的机构看,第三方评价包括专业的教育评价机构的评价、非专业的教育评价机构的评价,以及媒体评价等,又可以分为第三方自主评价和第三方受托评价两种类型。

①第三方自主评价

第三方自主评价是指第三方机构基于研究或其他目的对教师（学校）教育教学质量进行的评价。在评价过程中,是否得到教师（学校）的允许和协助不影响第三方自主评价。

②第三方受托评价

第三方受托评价是指第三方接受教师（学校）教育行政主管部门或其他机构的委托对教师（学校）教育教学质量进行的评价。第三方受托评价通常是通过委托合同约定委托方与受托方的权利、义务,也通常是有偿的。接受委托的第三方一般都是具有较强的教育评价能力、具备相应的评价资质、业务声誉良好、评价结果客观公正的机构。有时候,媒体和家长协会等组织也会接受相关机构的委托对教师（学校）教育教学质量进行评价,但这类评价的效度与信度都不如专门的评价机构。第三方受托评价是评价教师（学校）教育教学质量的大趋势。

（2）推广应用第三方评价的要求

①确保评价的客观性和公正性。

第三方评价之所以备受推崇,是因为其评价具有客观性和公正性。所有的评价贵在客观与公正,第三方评价因其评价主体是与评价对象、服务对象没有直接利益关系的"旁观者",具备保障评价客观、公正的身份特性。保障第三方的这种身份特性,其实就是确保第三方的独立性。

第三方的独立性是其建立社会公信和赢得支持的关键。如果第三方机构与评价对象之间存在特殊的利益关联,或者受评价对象的干扰过大,那么就很难保证独立性,评价结果也就呈现明显的倾向化。

②充分利用第三方评价结果

相对于封闭的、自我主导性的评价方式而言，第三方的评价结果具有更强的客观性和公正性。教师（学校）要充分、有效地利用第三方机构的评价结果，充分发挥评价结果的导向、约束与激励功效，推动小学语文教学评价工作的进步，促进小学语文教育的内涵建设。

（二）采用多种教学评价方法

形成性评价关注学习过程，有利于及时揭示问题、及时反馈、及时改进教与学活动。终结性评价关注学习结果，有利于对教学活动作出总结性的结论。形成性评价和终结性评价都是必要的。小学语文教师应加强形成性评价，注意收集、积累能够反映学生语文学习与发展的资料，采用成长记录袋等各种方式，记录学生的成长过程。对学生语文学习的日常表现，教师应以表扬、鼓励等积极的评价为主，采用激励性的评语，从正面加以引导。

教师要坚持定性评价和定量评价相结合，全面反映学生语文学习的状态及水平。评价方法除了纸笔测试以外，还有平时的行为观察与记录、问卷调查、面谈讨论等各种方法。语文学习具有重情感体验和感悟的特点，教师更应重视定性评价。学校和教师要对学生的成长记录和考试结果进行分析，除用等级或分数呈现评价结果以外，还可用代表性的事实客观描述学生语文学习的进步，并提出建议。

各种评价方法都有其一定的适应性，在评价的客观性和深刻性上也各有差别，因此评价设计要注重可行性和有效性，力戒烦琐，防止片面追求形式。

（三）综合运用各种小学语文教学评价工具

具体的教学评价工具使用的场合总是有限的，为避免单一或少数评价工具的不足，在教学评价过程中，教师必须综合运用各种评价工具。教师在设计教学评价工具之后，在教学过程中需要根据学生的年龄特点，使用激励性的语言、图片、贴（卡）片、数字、简笔画，甚至小红花、小红旗、表扬信、家长通知单（短信）等任何可用的评价工具，客观、灵活、形象地评价学生的点滴进步与发展。

（四）构建小学语文教学全程评价机制

1. 前评价机制

前评价机制一般是对教学设计与方案的评价，主要从设计与方案是否符合学生学习的原则和要求，是否以培养学生全面发展为目标，是否与教材以及学生的实际情况相适应等方面进行评价。

2. 中评价机制

中评价机制一般是对教与学过程的评价。主要评价教学设计的质量和教学模式的质量。教学设计质量评价的要点是贴近课程教育教学的实际要求，有利于学生习得知识。教学模式评价的要点是模式要突出科学性、开放性和发展性。

3. 后评价机制

后评价机制其实是一种外部反馈机制，注重从家长与社会处获得评价，要点是培养的学生应具备相应的能力和素质，教师的教与学生的学应实现相应的目标，以及获取家长与社会对教师教育教学质量的总体评价。

三、教学评价的设计与实施

（一）课前准备性评价的设计与实施

准备性评价是在一门课程、一个单元的教学工作开始前进行的预测性、诊断性的评价工作。目的在于使教师了解教学对象对教学课程的目的期望、兴趣态度和意见建议；掌握教学对象所具备的与本课程教学相关的知识储备和学习能力，摸清不同教学对象的个体性差异和需求，进而为教学方法手段、目标要求、实施计划提供具体翔实的依据。

设计和实施准备性评价的工作，对完成整个课程、单元的教学设计与实施至关重要。准备性评价可采取查阅学生的学习档案、与学生进行座谈问卷调查或课前小测验等多种方式。

准备性评价不是筛选性、达标性评价，所以准备性评价的设计与实施要以能最有效地了解和掌握教学对象的基本情况为原则。准备性评价后，教师要做到对每个学生在本门课程学习中的"初始状态量"心中有数。准备性评价的结果只能作为教师因材施教的依据，和过程性、结果性评价的依据，但要防止以此给学生贴标签、分好恶，或作为给自己开脱责任的理由。

（二）课中形成性评价的设计与实施

形成性评价（也称为过程性评价）是在课程教学实施的过程中进行的随机性、检验性评价。目的是及时、动态地了解和掌握学生对一堂课、一个单元中所学知识的掌握程度和相关技能的形成情况，进一步发现和掌握每个学生的能力潜质以及教学中存在的问题，以促进和引导学生改进学习目标、学习方法，并为教师改进教学方法、调整教学进度、进行个别辅导等提供反馈信息和决策依据。

过程决定结果。设计、组织和实施好形成性评价，是提高整个课程教学质量的重要保证。形成性评价贯穿课程教学的全过程，教师可以通过随堂提问的回答、单元测验的成绩、课外作业的完成情况等信息来进行整体和个体的学习效果评价。课外作业不但是促进学生加深对课堂教学内容的理解掌握，提高学生运用课堂所学知识分析、解决问题能力的重要方法，同时也可作为检验和评价学生课堂学习效果的重要手段。为了更好地通过作业情况来检验和评价课堂教学效果，教师布置课外作业时可根据学生学习能力和水平存在差异的客观实际，分别选定难、中、易三个等级的题目各二至三题，并只要求学生根据自己的情况选做其中二至三题，但鼓励多做；检查和批改作业时，通过做题的质量、数量和难度可以对学生的学习效果和学习态度作出初步的评价；讲评作业时则要根据准备性评价中得出的每个学生的基本情况，以不同的标准进行讲评。对于学习基础较差的学生只要其能完成难度低的习题就可视为完成作业，做了中等难度以上的题则应给予表扬；对于基础好的学生则应提高标准，只有在完成了难度较大的习题时，才给出好的评价，从而使各个水平的学生都有适宜的、可实现的学习目标，激励和保证每个学生在教学过程中都尽可能地取得最大的收效。过程性评价不是给学生的学习评定等级或作出结论，所以在过程性评价时，教师关注、记录的应该是评价中发现的问题和原因，而不是学生的分数和表现。教师应该根据发现的问题及时分析产生的原因，调整自己的教学方法，协助学生分析问题，制订改进学习的方法措施，并做好个别辅导。过程性评价的结果可以作为结果性评价的参考依据。

（三）课终总结性评价的设计与实施

总结性评价在课程实施或教学过程结束时进行。总结性评价的目的有以下三点：①对本课程教学过程进行总结分析，肯定成绩和优点，找出问题和不足，吸取经验和教训，为教师在今后的课程教学中改进教学设计提供反馈信息；②对本教学过程最终取得的教学效果和教学目标的实现程度作出评价；③以目标为牵引，辅以有效的奖惩机制，全程激励师生的教学热情，促进师生的责任意识和进取意识。总结性评价由任课教师、教研室组织，也可由专门的考试机构或教学质量评价机构组织。

总结性评价既是对本教学过程的总结和评价，又为设计、实施下一个教学过程提供经验和指导，在教学设计与实施中有着重要的地位和作用。教师在进行总结性评价时，应注意以下三点。

第一，试题试卷拟制既要依据课程教学的目标要求确定试题范围、试题类型、难易程度，也要兼顾教学对象实际的学习能力和水平，以确保考试能真实有效地反映课程教学目标的实现程度和学生能力素质的发展提高。

第二，分析评价既要依据教学目标做好教学目标实现程度的绝对性评价，又要根据不同学生、不同单位之间的不同特点做好相对性评价；既要看学生知识、能力素质的"当前量"，更要看其教学实施前的"初始量"与"当前量"之间的"增量"；既要看学生在本课程知识能力方面的收获，也要看通过本课程教学后，学生在综合素质方面的提高和收获。

第三，在评价结果的处理上既要依据评价结果和相关规定进行严格的奖惩，发挥好总结性评价的激励作用，更要根据评价中发现的问题、不足和优点、收获，做好经验教训的总结，并制订改进的措施，发挥好教育评价的调节作用。

参考文献

[1]冯学敏.小学语文教学实践论[M].成都：四川大学出版社，2018.
[2]罗祎.小学语文教学实践研究[M].北京：光明日报出版社，2019.
[3]饶满萍.小学语文教学设计与实施[M].成都：西南交通大学出版社，2019.
[4]宋秋前，余春丽.小学语文教学的优化策略[M].上海：上海交通大学出版社，2019.
[5]刘吉才.指向表达的小学语文教学[M].北京：中国书店，2019.
[6]郭晓莹.文本解读与小学语文教学设计[M].福州：福建教育出版社，2019.
[7]刘素贞.小学语文教学与教研实践研究[M].银川：宁夏人民出版社，2019.
[8]冯根林.小学语文教学刍议[M].成都：四川民族出版社，2019.
[9]王盈.小学语文教学之道[M].北京：中国铁道出版社，2019.
[10]隋淑玲.小学语文教学策略与方法[M].北京：现代出版社，2019.
[11]廖娅晖.小学语文教学设计[M].北京：中国铁道出版社，2018.
[12]朱立金.小学语文教学研究与实践[M].济南：山东教育出版社，2018.
[13]宋秋前，王儿.小学语文教学问题分析与解决策略[M].上海：上海交通大学出版社，2018.
[14]宋秋前，钟玲玲.小学语文教学问题诊断与矫治[M].上海：上海交通大学出版社，2018.
[15]顾可雅.基于核心素养的小学语文教学设计[M].宁波：宁波出版社，2018.
[16]江玉安.小学语文课程与教学导论[M].长沙：湖南师范大学出版社，2018.
[17]李碧.小学语文视觉化教学[M].上海：上海交通大学出版社，2018.
[18]赵霞.小学语文课堂教学艺术[M].北京：现代出版社，2018.
[19]辛洁，张爽.小学语文写字课微格教学设计[M].北京：首都师范大学出版社，2018.
[20]武金英.小学语文对话课微格教学设计[M].北京：首都师范大学出版社，2018.
[21]莫莉.小学语文教育教学知识与能力[M].昆明：云南科技出版社，2018.
[22]刘山.小学语文教学技巧[M].天津：天津科学技术出版社，2018.

[23]刘俊虹.小学语文教学策略[M].哈尔滨：黑龙江科学技术出版社，2018.

[24]邸威莉，时宁云，梁会.小学语文的教学研究策略[M].北京：北京工业大学出版社，2018.

[25]黄绍梅.小学语文教学创新与求真[M].长春：吉林人民出版社，2018.

[26]皮连生.小学语文教学设计与实施[M].上海：华东师范大学出版社，2018.

[27]朱红光.小学语文教学理论与实践[M].北京：团结出版社，2018.

[28]周存辉.小学语文教学面面观[M].长春：东北师范大学出版社，2018.

[29]陈秋霞.小学语文教学新思考[M].长春：吉林教育出版社，2018.

[30]金华.小学语文教学与资源开发[M].北京：团结出版社，2018.